招商玩家——人人都会路演与招商

周宇霖　著

中国商务出版社
·北京·

图书在版编目（CIP）数据

招商玩家：人人都会路演与招商／周宇霖著.

北京：中国商务出版社，2024. 6. -- ISBN 978-7-5103-5202-7

Ⅰ. F272.3

中国国家版本馆 CIP 数据核字第 2024KG3001 号

招商玩家——人人都会路演与招商

周宇霖　著

出版发行：中国商务出版社有限公司

地　　址：北京市东城区安定门外大街东后巷 28 号　邮　　编：100710

网　　址：http://www.cctpress.com

联系电话：010—64515150（发行部）　　010—64212247（总编室）

　　　　　010—64515164（事业部）　　010—64248236（印制部）

责任编辑：曹　蕾

排　　版：北京天逸合文化有限公司

印　　刷：深圳市鑫之源印刷有限公司

开　　本：710 毫米×1000 毫米　1/16

印　　张：12.25　　　　　　　　　　　字　　数：198 千字

版　　次：2024 年 6 月第 1 版　　　　　印　　次：2024 年 6 月第 1 次印刷

书　　号：ISBN 978-7-5103-5202-7

定　　价：89.00 元

前　言

招商变现的商业价值

随着经济的发展，招商成为企业经营中的重要环节。但是，国内大部分连锁经营企业在招商时往往会产生一些困惑。

为什么招商会年年召开，次次爆棚，销售网络却一直不健全？为什么动用了大量资源策划招商会，而真正符合品牌要求、签约的加盟商却少之又少？

招商会作为品牌方进行区域招商的一种有效形式，已经得到了普遍认可。但很多人不熟悉招商会的组织和流程，往往会出现招商会现场冷清、签约客户少、加盟客户后期合作不利等问题，结果使投入的几十万元，甚至几百万元打了水漂。

那么，该如何破局？

招商是一个关键的环节，涉及企业扩张、品牌推广和市场占领等多个方面。作为一家连锁企业，需要考虑以下问题：如何招商？招商的对象是谁？在哪里招商？通过什么方式方法去实现招商？招商的合作策略如何设计？招商的团队应该如何搭建？招商的工具如何梳理？

组织实施一场成功的招商会是一项复杂的工作，需要做好精心的策划和准备，需要资金的支持，需要招商团队细致的工作。

经过调研，我发现连锁企业在招商过程中，最难落地的问题就是招商策划。因为很多中小企业缺乏策略，战略往往不清晰。如果不能设计出真正适合企业的招商模式，很快就会面临"招商招不动，签约不开店，开店多纠纷"的尴尬局面。需要与时俱进地开展招商动作，切忌墨守过往的招商模式、渠道、策略等。因为每年面对的创业者不同，他们寻找项目的渠道、审视项目的视角、投资的偏好和特点等，都在发生改变。潜在的加盟商在发生改变，如果不能迎合他们的创业需求，其结果可想而知。

对于连锁模式的企业家而言，企业给加盟式创业者提供的是一个创业成功率高的机会，而不是一个稳赚不赔的商业神话。

要设计一个完整的招商策划方案，需要考虑六大板块内容，包括招商理念、招商模型、招商架构、招商策划、模式进化，以及招商系统。

在招商会的策划阶段，首先依据代理商整体的发展战略确定招商的目标、盘整代理商内外部资源和做好招商的自我定位，然后组建招商团队、进行市场调查与研究、寻找招商的卖点、圈定目标客户，在前期调研的基础上最终确定招商会的主题并拟定招商的方案。

做连锁离不开扩展开店，开一个门店后，要想做到盈利，你需要一个盈利模型，比如门店终端 VI 形象、库存管理软件、门店产品价格、促销方案、店铺选址、团队的打造等。有了这样一个完整的单店盈利模型，让所有的代理商、加盟商都根据这套单店盈利模型不断地进行复制，重复地进行发展，提高开店的成功率。

当品牌、商业模式没有问题后，需要找到招商对象，让别人知道你，这就需要通过全网营销来实现。不同行业也有不同的推广渠道，要去找更多高效率的推广渠道和途径。

连锁加盟持续稳定地扩张，必须有一支有策略、有激情、有战斗力的招商团队。传统的连锁企业一般采取一对一的招商会形式去洽谈，来一个客户谈一个客户，属于点对点的成交，比较耗时，也比较难。采取一对多的招商会形式，通过有组织、有纪律、有设计的成交模式和手段，成交有初步合作意向的加盟商、合作商才是最有效的招商落地策略。

招商的实际操作流程是本书的重点内容，本书用较大的篇幅对这部分内容作详细叙述，把招商过程中的每一个细节都介绍和分析到位，使品牌方能够依照本书并结合自身实际按部就班地进行招商操作，以降低招商的风险，增加招商成功的机会。

招商是离钱最近的一件事，是企业变现的"最后一公里"。连锁企业加盟扩张需要招商，企业营销也需要招商。招商，是当下企业品牌发展的必经之路，是企业快速将品牌、产品推向市场的关键环节。

只有招商才是企业最有价值的销售！招商带来的价值不可低估。本书通过招商实战操盘，让品牌方重构商业模式，布局企业战略，开辟新的盈利增长点。本书内容深入浅出，能够让零基础的招商新人快速学习书中实用的招商技能，快速提升运用能力，也能让招商熟手全盘看透招商的战略和战术的组合套路，是企业规划招商、全面部署招商工作的重要参考书。书中秉承从入门到精通，从传统招商套路到新媒体、互联网招商、微信、新工具招商的应用，结合当前的招商现状，与时俱进、与势俱进，深度剖析适合当下新市场环境的招商工具。

　　本书立足企业招商系统设计，围绕如何掌握招商核心理念与增长公式、"七力"招商模型新解、招商架构、招商策划、模式进化、超级系统等展开，通过"理论看点+真实案例+实操方法"的图解形式，以六大篇章全面系统地为连锁企业老板、高管及加盟创业者量身打造招商读本。一本书读懂企业招商加盟路线图，助力企业早日实现做大做强的创业梦想。百城万店，一场活动火遍全国！

　　以此为序！

周宇霖

2024 年 1 月 28 日

目录

CONTENTS

第一章
招商之道
核心理念与增长公式

农夫山泉卖遍全国，靠的是强大的经销网络。十几万家经销商帮它卖货，每人卖一点，业绩自然就来了；格力能有今天的成就，得益于其强大的经销模型，3万多个专卖店、10多万个网点遍布全国，业绩自然能够提升；这就是招商的力量。

当你的盈利模型取得成功后，一定要专注于寻找更多的人来帮助你销售产品。帮你卖货的人越多，你的业绩就会越高。

第一节

招商之定义：商业共同体的核心

如何分钱聚拢天下精英，共同创造一个新的版图？

传统的招商理论认为，招商是通过设立盈利机制，借助招商会等模式，招募合作伙伴和加盟商，形成商业共同体，也就是俗称的"卖代理"。根据这一传统理论，很多企业家一直认为，找人合作就是把代理权卖出去。其实不然，这种定义存在本质上的问题。将招商简单等同于招募加盟商的理解是较为狭隘的。

招商的定义是指发包方（通常为企业或项目方）将自己的服务、产品在一定范围内发布，通过招募商户共同发展，形成商业共同体。这一过程涉及人与人之间的选择和替代关系，是企业营销过程中的关键环节，也是企业将产品推向市场的必由之路。

招商可以诠释成一种人与人之间的关系，既是一项选择，也是一种替代。招商即招揽商户，指发包方将自己的服务、产品在一定范围内发布，以招募商户共同发展。

世界上有两类企业家。一类是黄牛型，他们给自己贴上务实和老实的标签。围绕自己的能力、资源、资金周而复始地做事。黄牛型企业家大多处于产业链末端，因为他们没有意识到自己的能力、思维是有限的。他们只专注自己，根本不适合行业迭代和与同行竞争。另一类是整合型，在别人看来，他们好像是一群吹牛的人，但是我们要明白，什么是吹牛，什么是整合。

这两类企业家——黄牛型和整合型，实际上反映了不同的经营理念和策略。

当埃隆·里夫·马斯克想要造火箭，却不懂技术时，他选择整合懂技术的火箭专家一起研究，从而做出了超越自己能力的事，这便是招商。

当刘强东看清未来商业的版图，但苦于资本不充足时，他向资本方讲述商业模式，拿别人的钱和资源去实现自己的想法，这也是招商。

当阿里巴巴创始人喊着"让天下没有难做的生意"，创办淘宝，吸引众多中小企业入驻商城从而获得今天的成就，这还是招商。

当喜茶成为大街小巷人手一杯的潮饮时，今天和芬迪联名，明天和喜剧之王联名，让众多品牌、IP的势能叠加在一杯潮饮上，你是否想过，为何喜茶能与众多大品牌、大IP联名？因为它懂招商。

以上这些例子，非常生动地展示了整合型企业家如何利用招商超越自身能力，实现事业发展。招商就是整合外部比自己更有优势、更有势能的资源，来协助自己的项目进化、发展、迭代，从而突破创始人自身能力的瓶颈，实现更大的理想和抱负。

不懂招商的企业家，只会花钱请员工局限在企业能力范畴内做事；懂招商的企业家，会分钱去聚拢天下精英，共同创造一个新的版图。

你会选择做一名黄牛型企业家，还是整合型企业家？

今天，我把创始人定位成一个岗位。创始人的角色定位从来不是单一的，这个角色的定位会随着公司的发展而变得更加多元化，更有立体感。既然是岗位，就要有岗位的专业要求。过去，创业者的专业是产品专家，现在，创业者的专业是成为商业模式的创新专家；过去，企业以产品为中心，现在，企业不仅要有好的产品，还要有渠道，有庞大的销售网络以及用户数量。所以创业者要通过商业模式创新和招商方式来获得大量的渠道和顾客，这才是关键。

在当前这个快速变化的时代，商业模式创新已经成为企业成功的关键。创业者不仅需要关注产品的质量和功能，还需要注重商业模式的创新和招商策略的制定。通过商业模式创新和招商方式，企业可以更好地适应市场变化，获得更多的竞争优势和发展机会。

因此，如果要在黄牛型企业家和整合型企业家之间做出选择，我更倾向于支持整合型企业家。当然，这并不是说黄牛型企业家的方式没有价值，而是整合型的方式可能更符合当前和未来商业环境的需求。

至于企业创始人的角色定位，确实是随着公司发展而不断变化。随着企业的发展和市场的变化，创始人需要不断地调整自己的角色定位，从产品专家逐渐转变为商业模式创新专家和招商专家。只有这样，他们才能更好地引领企业走向成功。

第二节

业绩倍增公式：三步走向销售巅峰

如何做好招商复制？

很多企业在初创阶段，会采取直营模式进行发展，这种模式的优势在于可以确保品牌和服务的一致性，便于管理和控制。然而，直营模式也存在显著的劣势，尤其是对资金和人才的需求巨大，这限制了企业快速发展的可能性。

在这种情况下，一些具有前瞻性的企业开始寻求破局之道，其中轻资产运营的连锁加盟模式成了重要选择。连锁加盟模式可以有效减轻企业在资金和人才方面的压力。加盟商通常需要承担门店的开设和运营成本，而企业则可以通过提供品牌、技术和管理支持等方式获得收益。这样，企业可以在不增加自身负担的情况下，快速扩大门店规模，提高市场占有率。

很多企业家朋友问我，企业应在什么阶段招商？是否只有招代理阶段才需要招商？我的回答是，招代理商绝非招商的全部，营销的增长不是一个概念，而是一道数学题。这意味着，业绩的增长是可以用数学计算得出的。

给大家一个公式：

$$业绩 = 1 \times N \tag{1-1}$$

其中，"1"代表单位效益，"×"代表复制，"N"代表招商、裂变。打造好"1"，然后进行"N"的复制。

这个公式不仅揭示了业绩增长的数学逻辑，也为企业家们提供了连锁招商和业绩增长的清晰路径。企业家们应该深入理解并应用这个公式，通过打造优质的"1"、有效复制的"1"和积极招商裂变的"N"，实现企业的快速发展和持续增长。

通过以下三步，让你业绩倍增，走向销售巅峰。如图1-1所示。

图1-1　业绩倍增模型

做招商复制其实很简单，先做好"1"。这个"1"有以下三层含义。

第一，一套经过市场检验的单店盈利模式（对加盟商保证，也是告诉加盟商，加盟后能够赚钱，持续盈利）。

第二，一份标准化体系、手册（自己做好交给加盟商，有了标准化体系、手册，照着葫芦画瓢，简单易复制，复制也更精准）。

第三，一个招商团队（保证加盟商的管控、运营，避免跑货、串货）。

这三层含义精准地概括了招商复制的核心要素。这些要素不仅对于确保招商成功至关重要，而且为加盟商提供了有力的支持和保障。

扩张战略规划是企业发展过程中至关重要的一环，它要求企业以终极目标为导向，制定清晰、可行的行动计划。只有以终极目标倒推行动计划，才能让当下的行动具备意义，没有终点的出发都是徒劳。

如果你想做招商，先自问一句，你的招商目的是什么？一个企业要长远发展，绝不能只看到眼前的利益，更不能只考虑自己的利益。

如果只是为了招商变现，不考虑加盟商利益，必难长久。我们以上岛咖啡为例。

上岛咖啡，源于中国台湾，香闻世界。短短七年，品牌采用简单粗暴的加盟打法，在中国大陆地区迅速扩张至3000多家。

加盟虽然可以快速扩张，但如果不考虑加盟商的利益，注定走不远。

果然，上岛咖啡如此辉煌的成绩未能持续多久。定位高端，先发制人，抢占独家市场，前景本应一片大好，怎料高开低走，后劲不足，盲目加盟扩张，上岛既不协助加盟商选址，也不做相关支持和员工培训，让加盟商自己闭眼摸索。内忧外患之下，品牌形象一落千丈。

上岛咖啡的失败原因有以下几点。

①上岛咖啡加盟模式简单粗野，无后期服务；只管收加盟费，缺乏服务支持。

②没有一套标准而严格的加盟管控制度来实现"标准化""统一化"。

③股东内讧，前期的快速加盟模式，也消耗了品牌生命力。

④缺乏强有力的招商团队进行后期维护管控督导，跑货窜货现象频出。

⑤未提炼一套成熟可复制的单店盈利模式，难以让加盟商持续盈利。前期加盟模式太过成功，使上岛咖啡过于依赖品牌加盟这一模式，从而陷入了"船大掉头难"的窘境。

上岛咖啡的发展历程确实是一个宝贵的案例，让我们看到了招商加盟在推动品牌快速扩张中的重要作用，同时也揭示了忽视加盟商利益和盲目扩张可能带来的严重后果。

因此，品牌总部需要为加盟商提供一套完整的输出体系。也就是说，企业做招商是为了自身培育的品牌，而不是单纯地圈钱。专注产品，专注客户。只有与加盟商真正实现利益互通、风险共承、命运相连，企业才能真正找到长久的优质合作伙伴。

第三节

效益加速器：最大化单位效益

在大力发展新客户的同时，企业如何稳定老客户？

随着互联网的日益普及，客户越来越多地选择利用互联网与企业进行业务往来。众所周知，吸引一个新客户的成本远高于留住一个老客户，新客户带来的利润却远低于忠诚的老客户。因此，企业在大力发展新客户的同时，也要充分考虑如何稳定老客户，以提高单位效益。

那么，单位效益由什么因素组成呢？我们来看一个公式：

$$单位效益=人均效益×人数 \tag{1-2}$$

其中，人均效益就是每个客户通过购买公司的产品产生的营业收入。

单位效益是企业运营的核心指标，直接反映了企业的盈利能力和经营效率。很多企业更需要关注人均效益的增长，因为在人均效益增长的前提下，做乘法都是盈利。但假设人均效益上不去，纯粹地增加销售员的数量，那就是伪增长。

要实现人均效益的增长，需抓住以下关键因素，如图1-2所示。

人均效益的增长需要抓住拓新、留存、变现、复购和裂变等关键因素，它们形成了一个完整的客户生命周期管理闭环。

下面，我们先探讨如何提高单位效益。

当我们开一家300平方米的火锅店，投入100万元，一年赚回200万元，这就是一个单位效益的模型。当这个模型"跑通"之后，我们应该开300平方米的店还是500平方米的店呢？

第一步：拓新

- 如何让更多客户进入

第二步：留存

- 获取销售名单后，如何留住客户

第三步：变现

- 留存后如何实现变现

第四步：复购

- 如何让客户二次消费

第五步：裂变

- 复购后如何让客户帮忙转介绍

图1-2　人均效益增长因素

已验证的300平方米火锅店是一个成功的单位效益模型，这意味着这个规模的店面在经营效率、成本控制和盈利能力等方面已经达到了一个较优的状态。因此，从这个角度来看，继续复制这个模型是一个相对稳妥和安全的选择。

所以，答案是单位效益的模型是多少平方米的店，就开多少平方米的店。这代表要不断地复制这个模型。

相比单位效益模型，人均效益增长模型才是真正的"1"。这也就代表，要想提高人均效益，不能只靠喊口号、打鸡血，而要研究如何找到流量，做到拓新、留存、变现、复购、裂变这五个流程，人均效益才有可能增长。这五个流程做得好不好，关键看产品。

如果产品有竞争力，优势可被识别，卖点让人一听就懂，那么就会比较容易卖出，人均效益也会相应提高。

可以将市场比喻为两架并驾齐驱的"马车"——产品和销售，即产品好不好卖以及会不会卖。营销就是要解决这两个问题，一旦模型成熟，公司团队就能赚钱。在赚钱模型运行顺畅的情况下，只要不停地优化每一个细节，人均效益就会提高，公司的投入产出比也会提高。

公司给员工支付底薪，最后所赚的钱是底薪的三倍以上，这就是一笔划算的生意，于是公司不停地追加人手，并把这套方法复制，这就是做营销可以用数学计算的关键。

很多企业过去的核心问题是产品缺乏竞争力，又没有很好的销售系统，却想不断增加人手去销售这款产品，这样的盈利逻辑是不成立的。

那么，招商要从什么时候开始呢？

很多人错误地认为，招商就等于招代理。其实不然，招内部员工本质上也是招商，而招外部合伙人来帮忙，即便不给工资也算招商。也就是说，企业从创办之日起就要招商。不给工资的叫作合伙人，给工资的叫作员工。我们把招的合伙人称为"免费的业务员"。

那么，是合伙人的能力强，还是员工的能力强呢？花钱招来的员工，容易帮你花钱；来投资的合伙人，容易帮你赚钱。因为招的员工本质上是商务人员，是相对而言资源较少的"小白"。

我们过去习惯把小白培养成精英，这需要两个前提。

1. 标准操作规程（SOP）

标准操作规程（SOP），即为拓新、留存、变现、复购、裂变每一个环节设置标准。如果没有这套标准，企业很难做乘法。有了这套标准以后，"1"就得到了定义，那么应该如何复制这个"1"呢？

最有效的方法，概括起来就是三个字：背、练、用。

2. 资本投入

培养一个"小白"，企业至少需要3~6个月的时间，需要付给他3~6个月的工资，还需要更多的时间使其成长为精英。

培养人才，是需要付出成本的。

当企业投入资金、时间后，"小白"会发生哪些变化？或许他的能力会得到提高，但资源和金钱不一定会增加。所以，很多企业不停地招募团队，又不停地辞退员工，因为培养不出有价值的人才。

假设你一开始不是用培养"小白"的员工思维，而是用招商思维。招合伙人，招的是精英，他们本身就有钱、有资源、有能力。合伙人加入团队后，着急变现，更愿意投入资源。相较而言，企业初创期，招商比培养员工更好。

培养员工和招商并不冲突，培养员工做交付和运营，而招商找资源帮助灌入流量，这样发展速度会更快。招合伙人本质上就是找免费的业务员，招商是风险的转移。

某个公司的招商部只有一个人，看起来像个"光杆司令"，其实他早已将很多培训公司的人收编，只是这些人不需要来公司上班。如果来上班，既不好管理，又要发底薪，考核 KPI，让人压力很大。

因此，总监只负责收编我们过去的同行，让他们为公司导入流量和资源。

全职的员工只有一个。公司不用为非全职员工付出太多成本，但是可以源源不断地使用他们带来的流量。他们负责招商，公司负责交付，分工明确。

如何管理合伙人？要为他们赋能。

给合伙人赋能的方法有以下三种。

第一，师徒制。这种方法通常是传帮带。但是师徒制存在一些不足：通常侧重于某一特定领域或技能的传承；传承方式往往依赖于口传心授和实践操作，而不是书面化的规范；学习周期较长，需要花费大量的时间和精力；尽管有些师傅具备高超的技能和丰富的经验，但并非所有师傅都能胜任传授知识和技能的职责；师傅的标准不同，带出徒弟的标准也会不同，所以公司容易形成几个派系。

第二，商学院。这是最前沿的做法，公司把所有的业务流程全部整理出来后，统一打造培训课程，然后将所有人召集起来，由公司统一进行培训。比如保险行业从业人员，话术一流，全都经过标准化培训，高度一致。将前两种方法作比较，人工打造出来的标准不统一，而商学院培养出来的标准统一，缺点是耗费人力，对公司的要求颇高。

第三，数字化。利用软件进行复制，而不是靠人力。很多业务流程不是靠人来操作，而是靠软件来操作。如很多大型公司，包括阿里巴巴、腾讯等，假设当天要下发某个文件，可以通过内部 OA 直接发送，视频、操作、流程全部完备，直接进行数字化传输。

第四节

招商复制：从 1 到 N 的复制模式

一家刚创办的公司，有什么核心竞争力？

企业的目标，是从单店赢利迈向复制赢利，从复制赢利走向模式裂变，再从模式裂变发展到平台运营，最终从平台运营实现品牌生态，走向全国连锁之路。

创新商业模式，卖产品不如卖模式。在业绩倍增公式中，人均效益靠标准（1），乘法靠数字化（×）。有了单位效益（N），接下来就可以开始复制。

1. 拓展模式

假设某公司招募了很多合伙人，能把货物销售好，公司盈利后，开始往全国各地复制，此时又要重新做乘法，即：业绩 = 1×N（单位效益）。实现乘法的方法，无非就是以下几点：自己出资开店；找别人一起做；把模型卖给别人。在这个过程中，选择合适的"N"的形态至关重要，它决定了公司扩张的速度、效率和风险。

在全国范围复制涉及"N"的形态，会出现以下几种招商模式，如图 1-3 所示。

在选择"N"的形态时，公司需要综合考虑自身的战略目标、资源状况

图 1-3　招商模式

和市场环境等因素。不同的方式各有优缺点，适合不同的情境和阶段。

直营模式，就是不把赚钱的方法卖给别人，自己留着用；加盟模式，就是把赚钱的方法卖给别人，让别人来运营；托管模式，就是你来出钱，我来经营。以上这三种模式，不仅要复制产品，还要复制运营的业务流程。

经销模式就是无须复制运营体系，只需要复制产品。

假如我是销售瓶装水的，我只要把水这个产品复制出去就行，不用去管销货，也不用去管售后。

在瓶装水行业，选择通过经销商进行销售是一种常见的商业模式。在此模式下，生产商主要负责水的生产和质量控制，经销商则负责将产品分销到各个销售渠道，并负责销售和售后服务。这样的分工使得生产商可以更加专注于产品的研发和生产，同时利用经销商的资源和经验来扩大市场份额。

合伙人模式是我们在实现单位效益中所采用的行为模式。而在组织方面，更多采用直营、加盟、托管、经销四种模式。

2. 管控模式

连锁企业的管控模式主要涉及企业对下属单位的管理和控制方式，以确保整个连锁体系能够协调、高效地运行。

常见的连锁企业管控模式如下。

（1）战略管控型。总部负责企业的财务、资产运营和整体战略规划，各下属公司制定区域内业务计划并报总部批准实施。

优点：总部人员精简，专注于关键职能部门的强化。

缺点：需协调各分部之间资源需求冲突和其他矛盾。

（2）操作管控型。为保证战略的实施和目标的达成，总部管理从战略规划到计划实施的一切流程。

优点：总部职能管理深入，易于对下属公司终端管控和标准输出。

缺点：总部规模大，职能人员多；市场反应速度较慢。

（3）财务管控型。总部负责企业的财务、资产运营及对外部企业的收购兼并，各下属公司只需达成总部既定财务目标即可。

优点：总部职能人员最小化，分部反应更灵活。

缺点：不利于对各下属分部的掌控和统一标准的输出。

3. 盈利模式

商业模式是实现企业战略目标的交通工具，定位决定了企业的盈利模式。

企业的收益，主要来源于以下三个方面。

（1）现实收益。通过终端门店连锁运营体系和品牌系统运作，扩大终端盈利能力和品牌附加值，提高品牌价值收益。

（2）整合收益。通过对上游供应商、下游加盟商、目标客户、渠道合作伙伴的整合，做大规模，获得整合收益。

（3）衍生收益。将单店盈利模式不断复制，扩大市场占有率，形成规模效益，从而提升连锁商业价值，实现资本收益、品牌溢价。

对于一家刚创办的公司而言，其核心竞争力究竟是什么呢？

很多人以为产品是核心竞争力，品牌是核心竞争力，团队是核心竞争力，学习力是核心竞争力，努力是核心竞争力，等等。要是这么说的话，年轻人会觉得体力精力也算他们的核心竞争力，但其实这些都只是基础。

对于中小企业来说，哪里离钱最近，哪里就有竞争力，所以核心竞争力就是渠道，也就是抓资源。世界500强企业收购民族品牌，普遍都是因为渠道而收购的。所以你会发现，只要你有渠道，你就有核心竞争力；只要你有庞大的销售网络，你就有话语权和定价权，而这离不开招商模式的复制。

第五节
标准化体系：规模化必须设计模型

如何打造连锁运营体系？

在企业发展过程中，"万店连锁"是一个必然的结果，而一套连锁运营体系需要系统的支撑。打造连锁运营体系，就是使其简单化、标准化、品牌化和系统化。从前期的简单复制，到中期的精准复制和规模管控，再到后期的品牌营销、品牌招商等。

在打造连锁运营体系的过程中，标准化扮演着至关重要的角色。

标准化的原则可以概括为"五化"，如图1-4所示。也就是说，要完成招商复制，首先要形成一个可标准化的体系。

图1-4　标准化策略

1. 产品标准化

如果产品不能标准化，是很难做招商的。这也就代表，你的产品必须是标准品，才容易传播。标准可复制，不标准则不可复制。如果不符合标准化的条件，该如何解决？这就需要策划。

招商不是简单地出一份方案，然后拿着方案上台路演；真正的招商是从产品策划阶段，到落地阶段、宣发阶段，都必须改造成可标准化。

比如，有一家名为"星鲜包"的早餐店，其日均营业额为1200元，但是经过半年的产品改造、门店改造和服务升级，新店的日均营业额从1200元上升到12000元，单店日均营业额提高了9倍。

这是什么原因造成的呢？是标准化。

砍掉了所有不能标准化的产品，保留了能标准化的产品，减少了SKU（Stock Keeping Unit，即库存进出计量的基本单元，可以以件、盒、托盘等为单位），并全面提升了服务标准。正是因为把全部产品进行了重新改造，才使得它的业务具有了更大的发展空间。

产品可标准化，就一定可以卖得好吗？不一定，还需要其他方面的标准化支持。

2. 营销标准化

从公司项目如何获取流量，到员工如何与客户沟通，再到最后如何变现，全流程必须一比一复制出去，这一点非常重要。

营销标准化隐藏在细节中。客人进店时如何打招呼，送客户礼品时用什么话术，加客户微信时用什么话术，客户加你后如何聊天，等等，都要有一套标准。没有这套标准，就没法进行复制。

标准化不仅提升了服务质量和客户体验，还使得这些经验能够轻易地复制和扩展。对于连锁企业而言，这是实现快速扩张和保持品牌一致性的重要手段。

3. 管理标准化

如何将薪酬、绩效完全规范化、标准化？要注重细节，包括底层员工的工资发放方式、考核办法、晋升机制，都要设计出来。因为代理商不了解整个模型，所以必须进行培训，将这些都教给他们。

4. 品牌标准化

每个门店统一装修、统一 VI 形象，识别度要很高，如门厅货物摆放的方式、几百平米的店铺设计，都要符合品牌调性。而且加盟店举办活动必须一体化，不能 A 店搞一个活动、B 店搞一个促销、C 店搞一个零元购，这样会混乱无序，需要总部统一赋能，大家协同运作。

禁止各加盟店自行做促销，这会带来市场价格体系的崩溃。要举办活动就大家一起举办，要不举办就都不举办。

5. 管理系统标准化

要实现统一业务流程，离不开管理系统标准化。

尚品宅配是从事定制家具的，同一个柜子的尺寸、颜色、面板，以及局部造型，都是可以自由组合的。尚品宅配把这些零部件放入一款叫"圆方"的软件中，设计师只要采集用户房子的相关数据，比如尺寸、预算、风格等基础数据，再加上一定的视觉调整，就能轻松地通过圆方软件做出相应的设计方案。

有人会说，这样设计出来的方案岂不是千篇一律？答案是否定的，因为用户的思维和设计师或者局外人的思维是完全不同的。

用户需要解决的问题是空间合理利用、家具风格更好地和装修风格融合、自由调整家具预算等，他们并不会太在意自己家是否与他人"撞衫"。况且，一套家具可以变换的元素很多，面板造型和颜色、尺寸，以及造型，都是可以自由变换的，很难得出一模一样的家具。

这里要注意一个关键词，设计师只要输入基础数据，加上一定的视觉搭配，即可完成家具设计。圆方软件降低了设计的门槛，设计师只要掌握基本的家具知识和熟练操作这款软件，即可实现设计。相比传统，无须经过大量的培训、知识沉淀以及技能沉淀，尚品宅配的设计师上岗速度远超其他公司。

尚品宅配解决了一个问题，通过软件将非标准的设计进行标准化，标准化的好处就是可以实现"大规模设计"，有了"大规模设计"，成本自然能大幅降低。

再看一个管理标准化的案例。

去过"外婆家"餐厅吃饭的人都知道，其饭菜不仅好吃还价格便宜。

外婆家的创始人在开饭店之前从事工厂生产管理。当他涉足餐饮行业时，就把生产管理的流程化、标准化、降低成本、批量规模等逻辑运用其中。

当人们都拼命追求利润最大化的时候，他却追求规模最大化。所以他说："到外婆家吃饭，如果中餐、晚餐全爆满，我们只能保本，我们的利润来自翻台率。"只有爆满后不断翻台，翻一次、翻两次、翻三次，多翻出来的才是利润。这就是做工厂的逻辑，同样把菜越做越好，成本越做越低，依靠规模化和高性价比取胜。

标准化对企业的重要性主要体现在以下三个方面。

首先，企业的可复制性决定了必须进行标准化复制，这是扩张和规模化经营的重要前提。

其次，标准化有利于稳定、提高产品质量和服务质量。

最后，高度统一的标准化管理可以简化日常管理工作，提高管理水平和效率。

总之，标准化就是解决企业复制（值钱）的问题，其核心是商业模型（盈利）标准化，同时将三要素（人、货、场）都形成标准化手册，最终形成可复制的运营标准，如图1-5所示。

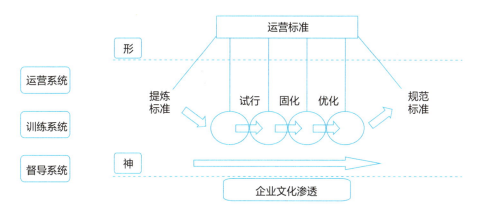

图1-5 如何形成可复制的运营标准

运营系统确立了操作标准与流程，训练系统使得运营系统的标准与流程得以复制，督导系统则是运营系统标准复制的保证，是执行检查体系。三大系统相辅相成、相互促进，任何一环的破坏都将影响到整个连锁体系的成功建设。

标准化体系建设"三步走"：首先，在原有运营经验的基础上，对各项标准进行梳理、沉淀，形成简单可操作的规范，统一执行，不打折扣，进而成为连锁运营标准化系统。其次，需根据各模块的变化进行调整和固化，使之适应公司发展。最后，运营管理标准已经形成稳定的模式，随着复制与扩张，随着优化流程成长。

第六节

招商突围：影响品牌命运的关键词

招商影响着品牌的命运，它是如何做到的？

招商作为一种营销手段，因为能快速回笼资金、组建渠道及借用关系，已悄悄改变了无数中国企业的命运，更成为众多企业青睐的"香饽饽"，很多招商订货会为企业创造销售奇迹立下了汗马功劳。

招商在影响品牌的命运方面有三个关键词，如图1-6所示。

图1-6　招商影响品牌命运三个关键词

1. 产品

假设产品没有竞争力，无论怎么推广，它都很难销售出去。必须找到客户购买产品的理由。当有十个产品摆在客户面前，他们为何要选择你的产品而不选择其他的呢？只有把这个理由说清楚，客户才有可能购买。如果理由不明确，产品又同质化，最后只能沦为一个结果——降价。

一旦降价，就只能靠促销，其他营销技巧和环节都无法施展。所以，要把更多时间花在研究产品的竞争力上，这就是产品突围。而且，产品外观的吸引力也很重要。如果产品看起来很吸引人，便是产品取胜的关键。

2. 业务流程

业务流程就是如何销售产品。

业务流程涉及多个环节，这些环节共同构成了将产品从生产者传递给消费者的完整过程。它涵盖了从市场调研到售后服务等多个方面，需要企业全面考虑和精心管理。

顾客到服装店购买衣服，到化妆品店购买化妆品，到皮具店购买箱包，到珠宝店购买珠宝，等等，顾客购买这些商品，绝不只是看上了它们的使用价值，更重要的是让自己变得更美丽。

那么，怎样打扮才能让顾客变得更美丽呢？这就需要有一个角色——美丽管家，可以根据顾客的个人形象，来为他们提供穿搭和化妆建议，并且通过整体形象设计进行有效管理，然后再根据顾客的不同需求，帮助他们匹配各种产品。

对于商家而言，过去是以产品为中心，绞尽脑汁地研究如何把衣服、鞋子、箱包等卖掉，这是核心诉求。过去是销售导向型，把梳子卖给和尚，创造不可能，才是最厉害的能力。

现在是以服务为中心，如何服务好一群人，让他们的生活更加美好。销售的不单单是衣服、鞋子、包包等商品本身，而是如何让别人变得更美丽的解决方案，我们称为升级服务模式。

假如你开了一家实体店，如何帮助你的实体店从每天 50 的客流量变成 100？如何从年入 10 万元变成年入 100 万元？如何让每一个顾客都愿意为你转介绍？在单店盈利以后，如何招商扩展，把连锁店开满全国各大城市？以上问题的答案叫作整体解决方案。

在今天，企业最大的机会就是从过去的管理、销售转向提供服务。服务对象是谁呢？服务消费者，让他们的生活变得更美好；服务商家，提供一套整体的解决方案，帮助合作伙伴让生意变得更好，让连锁店开遍全国。

把销售产品的方法提炼出来，这是项目成功的核心关键。我们常说管理重要、财税重要、股权也重要，但它们都不是关键资源，而是项目成功的配套资源。产品一旦没做好，市场推广没做好，管理、财税、股权也都将无效。但是一个公司产品做得好，销售也很好，即使管理、财税、股权稍差一点，也不会对业绩产生太大影响。

当公司有钱的时候，把钱发完就什么问题也没有了。但是公司没钱的时候，越想通过管理来解决问题，越是无法解决。所以，企业家一定要专注于战略、品牌和营销。管理可以找懂的人去管，财税可以找专家来帮你管，法律问题可以出钱找律师来管，这样更加方便。人的精力有限，必须把时间放在关键核心点上。

3. 盈利模型

一个企业通常有两类产品，一是看得到的产品，二是单位效益的盈利模型。投多少钱，做多少事，这就是公司赚钱的模式。公司招商做得好不好，有一个核心关键点，就是产品和业务流程所构成的盈利模型的优势。

如果盈利模型没有设计好，不仅不能获得利润，甚至可能在竞争中逐渐被淘汰。简单地说，盈利模型包括以下三个部分。

第一，赚谁的钱？也就是从什么地方获得收益？具体来说，是赚上游的钱，还是下游的钱，还是上下游都有？赚哪类用户的钱？是面向企业的客户，还是面向个人的用户？

第二，给谁分钱？你的创始团队、投资方、高管团队、上下游等，这是分钱的对象。找到这些相信未来、能承担风险、用结果说话的人，把钱分给这些人。

第三，靠哪类产品赚钱？比如说，靠硬件赚钱，还是靠软件赚钱，抑或是靠服务赚钱？

1984年洛杉矶奥运会之前，奥运会都是由各国政府出资举办，一直没有找到好的盈利模式，都是投入巨资，却赔本赚吆喝。比如，1976年蒙特利尔奥运会，政府欠下了10亿美元，30多年后才还清。1980年莫斯科奥运会，政府花了90多亿美元，一直没有赚回来。因此，奥运会成为一个"烫手山芋"。

1984年，洛杉矶奥运会出现了一位商业天才，名叫尤伯罗斯。他是洛杉矶市一家旅行社的经理，并没有管理过大企业和大项目，但十分擅长创新商业模式。当时洛杉矶奥运会起步非常艰难，因为美国联邦政府、洛杉矶市政府都不愿意掏钱，让奥组委自己想办法解决。奥组委想反悔退回主办权，但国际奥委会不同意，因为没有哪个国家愿意接手。

由于尤伯罗斯多次在媒体上嘲笑奥组委无能，奥组委就顺水推舟，说"你行你就来吧"。于是，尤伯罗斯临危受命，首创了奥运会的私营模式，把亏损的奥运会变成了赚大钱的生意。

他有哪些开源节流的高招呢？

①利用奥运会的巨大关注力，确定最佳交易主体，设计拍卖机制，制造稀缺，挑动商业巨头竞争抬价，增加赞助收入。

首先，他决定要办成规模空前的一届奥运会，制造最大的眼球效应，因此他力邀中国参加。这也是新中国首次参加奥运会。

其次，他改变赞助商选择标准、进入门槛和定价机制。以前，奥运会组委会也引入了赞助商机制，但设置的门槛比较低，什么行业都可以参与，每个行业同行的企业数量也很多，而每一家企业赞助的钱又比较少，几万美元就可以入选，广告效应不明显。

尤伯罗斯选定了30个面向消费者的行业，每个行业只选一家企业，采用公开拍卖的方式，底价从400万美元开始竞拍。比如，饮料行业可口可乐为了打败百事可乐，最终花了1260万美元的赞助费，这在当时可谓数目巨大。

②他把火炬接力商品化。火炬接力是一种荣誉，通常都是选择当地的名人、官员来当火炬手。但是尤伯罗斯认为这个荣誉不能白给。他改变了规则，要想参加火炬接力，跑一英里要缴纳3000美元。由于参与者众多，火炬接力比常规的计划多跑了上万英里。

③其他措施。比如，用招标方式出售电视转播权。美国广播公司以2.25亿美元获胜，尤伯罗斯还将转播权分别卖到欧洲和澳大利亚，仅仅卖电视转播权这一项，他就筹到了2.8亿美元，这是以往电视转播权卖价最高记录的3倍。

除此之外，他尽量利用现成的场馆，还利用大学生宿舍作为运动员村，招募大量志愿者，等等，大大降低了投入成本，削减了开支。

总之，尤伯罗斯挖空心思开源征收，节流降本，改变了盈利模式。最终只耗费了5亿美元，就成功举办了奥运会，还实现了2.25亿美元的盈利。这个案例虽然有些老，但基本原理是不过时的。

当今是互联网时代，获得利润的方式更加多元化，我们更应该关注盈利模型。除了采用新技术来降低成本、增加利润，还可以通过交易设计转移成本承担者，也就是把成本转移给不同的利益相关者。还可以转化成本，把固定成本改成可变成本，甚至转变成本为收益。比如，影视中的场地道具，原来是要花钱租用的，现在可以利用眼球关注力这一广告资源，免费使用，甚至可以收费，收入可以来自直接客户，也可以对直接用户免费，由第三方出钱。

很多互联网公司都喜欢用免费来吸引用户，实际上免费只是流量入口，他们会进一步运用其他方式来增加新的收益来源。

在搭建招商盈利模型的过程中，要想提升单位效益，就要把产品、营销、管理、品牌、管理系统全部标准化。

成功的招商必须完成两个突围，一是产品突围；二是模式突围。产品比别人的好，卖的方法比别人的好，管理系统和品牌系统都比别人强，才能形成业绩的突围。只有将这套方法传授给别人，别人才会愿意花钱和你合作。

未来优秀的公司都会涉及培训，通过培训来输出标准。具备培训的能力，才具备招商的能力。你能培训多少人，就有多少人愿意跟你合作。你能把赚钱的模式复制给多少人，就有多少人能成为你的合作伙伴。

本章重点

● 业绩倍增公式：业绩 = 1×N。其中，"1"代表单位效益，"×"代表复制，"N"代表招商、裂变。打造好"1"，然后进行"N"的复制。

● 效益加速器公式：单位效益 = 人均效益×人数。其中，人均效益就是每个客户通过购买公司的产品产生的营业收入。假设人均效益无法提升，纯粹地增加销售员的数量，那就是一种伪增长。

● 创新商业模式，卖产品不如卖模式。

● 在业绩倍增公式中，人均效益靠标准（1），乘法靠数字化（×），有了单位效益，才开始考虑如何复制。

● 标准化的原则有"五化"，要完成招商复制，先要形成一个可标准化的体系。

第二章
招商之法
"七力"招商模型的新解

　　大多数企业发展到产品、品牌都不错的时候，就会产生扩张的想法，经常会问：在扩张过程中，我该如何操作才能让自身快速发展？有的企业家经营企业十几年，却不知道如何发展连锁模式，不知道如何找到精准的客户，也不知道怎么去成交客户。

　　实际上，一家企业，要想既稳又快地发展连锁模式，需要掌握"七力"招商模型。

第一节

融资招商：获取启动资金

中小企业从诞生之日起，就常常面临融资困难的问题，
应该怎么办？

我们知道，万物皆有生命周期，企业自身也有生命周期，我们把招商加
盟划分以下五个阶段：初创期、发展期、扩张期、成熟期、竞争期。然后根
据企业情况进行诊断，分析有哪些扩张模式。如图 2-1 所示。

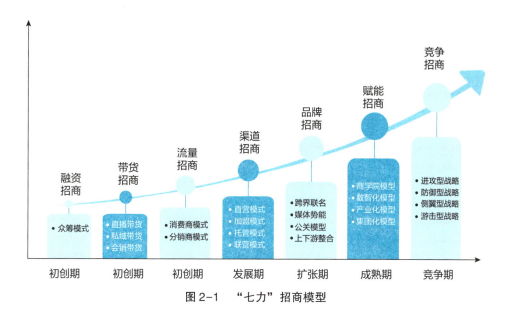

图 2-1 "七力" 招商模型

在发展的每个阶段，企业需要制定相应的招商策略，以适应不同的市场环境和自身需求。

很多企业家朋友问我：招商应该从什么时候开始？我的回答是，从产品环节就要开始招商。当我们要打造一款比别人更强的产品，就一定要先做好设想。因为我们的目标是超越对手，而在实现这一目标的过程当中，我们必然会面临资源短缺的问题，如资金、技术和研发资源。所以，在产品研发阶段就需要进行招商，包括融资招商、人才招商和资源招商，这就是融资招商体系。

这是很多企业家过去没有意识到的，他们往往具有老黄牛的精神，有多大能耐就干多大事，产品研发都是基于自身现有的资源和能力。然而，如果没有顶尖的团队，就很难研发出行业领先的产品，也就无法打开市场。真正好的团队，应该放眼于未来，打造更强的产品。

中小企业从诞生之日起，就要面临融资困难的问题。假如我有一种模式可以让你不掏一分钱就能开一家新店，并且占股70%以上，你会否对此感兴趣呢？

这就是初创企业的融资招商模式，如图2-2所示。

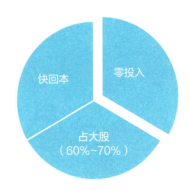

图2-2　融资招商模式

融资招商模式主要指的是企业通过吸引外部投资来支持其业务发展的一种策略。融资招商模式并非特指初创企业的招商策略，而是企业在不同发展阶段都可能采用的一种招商模式。不过，对于初创企业来说，由于资金和资源相对有限，融资招商模式的确具有特殊的重要性。

融资招商在如今的商业环境中显得尤为重要，它能够帮助创业企业获得所需的启动资金。融资招商的对象是企业的业务交易主体，即业务活动环节中的上、下游利益相关者，如供应商、经销商、零售商、客户，甚至是同行、竞争对手。

实际上，化竞争对手为交易合作伙伴是融资招商的有效途径。

某科技企业研发出一种全新工艺，可以把原材料的利用率从现有产品的不足30%提高到60%，显著降低原材料用量，降低成本，缩短产品周期，提高产量。

该科技企业拥有了这项科研成果，如何实现快速增值呢？

按照常规思路，要先投资建厂解决生产问题，然后再寻找经销商、零售商等，利用他们的销售渠道和终端资源扩大销售，等等。但是，将这个思路落地困难重重。因为建设一家工厂至少需要投2000万元，对于初创企业来说，这笔钱需要通过融资获得。而只有科研成果，没有销售收入，企业的估值不会太高，融资难度很大，即使成功融资，创始人的股份也会被稀释很多。此外，新产品要与数百家同行企业竞争，营销费用也是一笔很大的投入，而且新产品很难在短期内获得用户认可，未来的预期收益存在很大的很不确定性。

有没有更好的融资办法呢？这就涉及要找什么样的融资招商对象，特别是能否把竞争对手转变为合作伙伴，利用对方的品牌力、生产能力、销售渠道，将利益冲突者转变成利益相关者。

如何说服融资招商对象与你合作？这是合作共赢的基础，你能给交易主体带来哪些价值，比如收益提高、成本减少或者风险降低。

由于行业内产品同质化严重，企业之间大打价格战，导致毛利率下降到5%以内。行业内企业以往的扩张模式是买地建厂房、买设备、建渠道，资产重、人员多、负债多、现金流压力大，而且越是大企业，负担越重，经营压力越大，财务风险越高，处于低效状态。

如果把这项科研成果运用到产品生产中，可以大大降低生产成本，毛利率可以提高到25%。

因此，该科技企业找到当地一家规模比较大的厂家，双方签订协议，成立合资公司，该科技企业占股70%，无需现金投入，只需把自己的新工艺与当地厂家的品牌进行合作生产新产品，让客户感觉到这是当地知名生产企业开发生产的新产品，是品牌产品。这样的合作，为该科技企业节约了新品推广费，同时利用合作伙伴的生产能力和融资能力进行生产。最后，利用合作伙伴的销售渠道进行销售，快速打开市场。

第二节

带货招商：扩大业务规模

如何快速卖出货？

每个人经营企业都有不同的目标：让团队快速裂变、举办上市招商会、让产品狂销热卖、快速拓展加盟店、建立优秀的团队、一场招商会就能筹到所需的众筹资金、打造一支招商团队，等等。

初创企业可以通过带货招商的方式，快速扩大业务规模。尤其是直播带货，已经成为一种新兴的商业模式。通过直播平台展示产品并直接销售给消费者，这种方式具有互动性高、传播速度快等优势，对于初创企业来说，是一种有效的市场推广和销售手段。

除了直播带货以外，还可以采取私域带货、会销带货等手段。

这些带货手段有什么共同点呢？就是一对多。

有人在上海销售每台价格为5万元的产品，一天可以拜访5个客户，即使他很努力、很勤奋，一年有300天在拜访客户，共见了1500人。保守估计，成交率为10%，可以成交150人，业绩为750万元。

大概有多少毛利润呢？20%×750＝150（万元）。

那么，还有没有提升收入的方法？提升到每天见10个客户怎么样？恐怕不行，毕竟人的时间、精力都是有限的。

那怎么办呢？只能采用一对多的带货模式。

一对多面对客户，才能节省大量的时间。如果说一对一是零售，那么一对多就是批发。批发永远比零售赚更多钱，可以一对多，就不要一对一；可以批发，就不要零售。因为可以花最小的力气获得最大的回报。

如果你一对一与人沟通，且100%成功，那么你一次只能影响一个人。如果你学会了一对多与人沟通，以一次100个人为例，成功率为50%，那么你一次就可以影响50个人。也就是说，在一对一的沟通中，即使100%成功，你一次也只能影响1个人；而在一对多的沟通中，即便只有50%的成功概率，你一次也可以影响50个人。

通过这样的比较，你觉得哪种方式能让成功来得更快些呢？显然是一对多的沟通，它可以帮助你快速扩大业务规模。

罗永浩原本是新东方的老师，教英语。因为他口才好，教英语比较幽默，所以很多孩子喜欢上他的课，他也因此变成了名师。后来，他从新东方辞职，自己创办了一家英语机构，名叫"老罗英语培训"。通过这家公司，他赚到了人生第一桶金。

后来，他心血来潮："我英语和讲课都这么厉害，去做手机好了，挑战苹果。"于是，他创办了"锤子"手机，结果欠债6亿元。做手机失败了，他把这么多年挣的钱全亏进去了，还被列入了失信被执行人名单。

6亿元，什么时候能还清啊？但是，罗永浩没有放弃，愚人节那天，他开始在抖音带货，后来还清了6亿元。

他现在有几十个直播间，卖酒水、女装、男装、运动鞋等，他每个月营收5亿~6亿元，所以人这辈子一定要学会一对多的能力。

一对多的直播带货带来了巨大流量，当然也产生了巨大收益。那些大网红的直播间，人气动辄就是十多万人，最多时，直播间的在线观看超几百万人次。

第三节

流量招商：获取更多商业资源

如何不让库存积压？

初创企业还有一种招商模式，即流量招商。它主要利用互联网平台和数字化手段，吸引和聚集大量的目标用户，进而通过流量变现的方式实现商业价值的提升。

我们知道，产品的利润等于收入减成本。那要如何提高利润呢？要么开源节流减少成本，要么扩大规模提高生产。开源节流总是有限的，不能没完没了地减，减到一定程度，产品质量就无法保证；而扩大规模，提高生产也有弊端。生产太多，会导致产品过剩，库存积压。

库存告急，然而生产线却不能停。工人要发工资，工厂要还利息，若生产停止了，工人怎么办，工厂又怎么办？难道要等所有库存销售完毕，再去生产新的产品吗？所以即便过剩也得忍着，继续生产。

为什么会积压这么多库存？原因就在于初创企业流量不够，没有新的销售路径。那该如何解决？要找更多的合伙人帮忙卖货。那么，要去哪里寻找合伙人，寻找有资源的人呢？有资源的人可谓多如牛毛，找他们合作，借用他们的资源，就是流量招商。

比如，当下最大的流量入口无疑是直播带货。如果选择与网红合作，借用他们的流量，又何惧库存积压呢？

在快手某直播间，女主播特别勤奋，几乎天天直播，每次直播时长至少六个小时，每次直播带货产品至少 50 个。所有产品都在她那句招牌的话语中被销售一空："54321，上链接……"

同样，在线下找到有用户资源、有渠道的人合作，才是流量招商的核心关键。

你开了一家牙科诊所，必然离不开客流量。店大、装修好、技术精湛都是标配，要如何吸引更多客流量呢？这时就离不开非常重要的一点——流量招商，而在进行招商之前，要先打造出一个爆款。

在牙科诊所中，有一个绝对可以打造爆款的项目，就是洗牙。因为牙科很容易让顾客形成极强的认知："我去哪个牙科诊所一次，可能一辈子就只会去那个牙科诊所了，不会换来换去。"

洗牙收多少钱呢？298 元，而材料成本才几元。牙科诊所的其他项目，如拔牙、镶牙、烤瓷牙、牙齿贴片都能盈利，但是没有洗牙那么赚。那就可以将洗牙这个项目拿出来作为牺牲，打造爆款。

下一步，就是该找谁招商。

比如，可以选择与服装店合作。298 元的洗牙费，自己只收取 30 元，268 元给服装店，服装店得到这么大的好处，还能不帮你做推广吗？顾客来你的店里洗牙，你与顾客建立关联之后，后续的拔牙、镶牙、补牙、牙齿贴片等所有的盈利项目也就都能顺势跟进了。

这种招商思维有一个基本前提，即跨行业、同客群。服装和牙科属于跨行业，而他们的顾客（同客群）都有穿衣、看牙医的需求。通过这种流量招商，可以获得更多资源。

线下流量招商的核心在于找到拥有用户资源和渠道的人进行合作。这样的合作伙伴不仅能够帮助企业快速扩大市场覆盖面，还能够提高品牌知名度和影响力，从而加速企业的业务增长。

第四节

渠道招商：扩大市场占有率

处于发展期的企业，该如何搭建好企业架构？

处于发展期的企业，最适合进行渠道招商。这是因为发展期的企业已经积累了一定的市场基础和用户资源，正要达成扩大市场份额、提升品牌知名度以及拓展销售渠道等目标。而渠道招商正是达成这些目标的有效途径。

然而，这些并非企业发展到某个阶段才需要思考的目标，而是一开始架构企业时，就要思考的。关于渠道招商的架构，有四种可选，如图2-3所示。

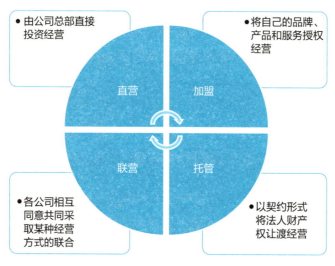

图2-3　渠道招商模式

设计和选择渠道招商的两个重要原则如下。

第一，能够给对方带来增值，包括提高收益、降低成本或者减少风险。

第二，可以使自己实现收益最大化，包括快速扩大业务收益，增加收益来源。比如，特许加盟比直营能更好地利用交易主体的资源能力，快速扩张。可口可乐早期通过授权装瓶和销售的交易方式，实现了快速扩张。

1. 直营

直营经营是由公司总部直接投资经营，这种以一个品牌为主导，在各地投资设立分公司或子公司的经营管理模式，相对于特许加盟模式来说，称为直营公司连锁模式。直营模式是实力雄厚的大型企业通过吞并、独资、控股等途径，发展壮大自身实力和规模的一种形式。

2. 加盟

加盟经营就是允许企业将自己的品牌、产品和服务授权给其他人或组织进行经营。它是一种双赢的商业模式，既可以帮助企业扩大市场份额，又可以帮助加盟商获得成功。

加盟经营又分为多种模式。

（1）单一加盟。它是最常见的加盟经营模式，企业将自己的品牌、产品和服务授权给一个加盟商进行经营。加盟商需要支付一定的加盟费和管理费，以获得使用品牌、产品和服务的权利。企业会提供一定的培训和支持，以确保加盟商能够成功经营。单一加盟模式适用于那些想独立经营的人，可以利用企业的品牌和经验来开展自己的业务。

（2）区域加盟。企业将自己的品牌、产品和服务授权给一个加盟商在一个特定的地区进行经营。

一提到全聚德，人们首先想到全聚德烤鸭。其实全聚德并不是只做烤鸭，但其烤鸭做得特别出名，以至于所有人都认为全聚德等于烤鸭。

全聚德管理层认为，除了烤鸭，每道菜都要做得特别好。

如果到饭店吃饭，何必非要去全聚德呢？顾客就是冲着吃烤鸭才去的全聚德。如果将自己定位为一个普通的饭店，就必须承担房租、装修、人工成本、食材成本等。

如果去掉这些成本，完完全全可以将全聚德烤鸭做成加盟业务。全国几千个县城，如果每一个县城找两家加盟全聚德，专门做烤鸭，借助全聚德这个招牌，帮当地的饭店引流。顾客没必要跑到北京，在当地就能吃到正宗的全聚德烤鸭。

所以全聚德就只需要做好几件事情，比如品牌授权、培训合格的正宗烤鸭师等。

（3）多品牌加盟。一个加盟商经营多个品牌的产品和服务。

（4）特许经营。企业将自己的品牌、产品和服务授权给一个加盟商进行经营，并且要求加盟商按照企业的标准进行经营。

有一家门店企业的老总，想多开100家分店，平均每家投资100万元，总计投资1亿元。于是，他请我帮他设计融资模式。

他坚持只开直营店，说："我不做加盟，因为这个品牌好不容易创造出来，一旦做了加盟，过不了多久品牌就会被搞砸，所以只做直营。"

我对他说："连锁其实还有很多种形式，比如直管，像麦当劳的店，全部由别人出钱，麦当劳则负责经营和管理，出钱的人和经营的人是两群人。你可以向麦当劳学习，门店的投资让别人来做，你来经营管理，这1亿元让别人出，而店依然是你在经营管理。"

"肯德基、希尔顿、喜来登也都采用这种模式，为什么你要自己贷款开店呢？"于是，我帮他设计了这个模式。

我问他："你目前开的这些店经营状况如何？"

他说："每家都不一样。有一家店投资300万元，不太赚钱；有一家投资100万元，一年能赚120万元。"

我听到这儿，果断打断他说："这个就符合直管的条件，只要你的经营管理能力跟得上，从此以后你做店再也不会受到钱的限制。"

我说："按照你过去的思维——筹来1亿元，开100家店，假如再开100家店，你是不是还得再筹1亿元？如果想开更多的店，是不是需要再筹更多的钱？你永远都会为钱发愁，永远为钱操心。所以问题的症结在于，如何不用出钱开店，而不是你如何拿到 1 亿元贷款。"

如何让他不用花钱开 100 家店，我给他做了以下渠道招商模式设计。

①每家店收 10 万元加盟费，开 100 家店能挣 1000 万元。加盟费收取可以换一种方式，每一家店开张之后，进货需要 30 万元，你给他们 20 万元，实际成本 10 万元。用这样的方式，每家店可以挣 10 万元。

②假设每家店的月营业额为 30 万元，一年 360 万元。100 家店一年营业额能做 3.6 亿元。这些店由你来经营管理，每家店收取 5% 的管理费，能赚 1800 万元。

当你有 100 家店的时候，直接到工厂进货，绕开经销商。相当于自己做经销商，赚取中间 20% 的利润。一年 3.6 亿元的营业额，你又赚到 0.72 亿元。

原来自己是开店的，现在自己变成了经销商，别人变成了开店的。

3. 托管

托管经营是指出资者或其代表在所有权不变的条件下，以契约形式在一定时期内将企业的法人财产权部分或全部让渡给另一家法人或自然人经营。

当下五金加工行业竞争激烈，生意越来越难做，深处行业泥潭的刘总，正在寻求突破之道。

中国五金加工行业有三四百家企业，刘总创办的企业，按业务规模排名位居第八。或许这名次听起来还不错，但是行业垄断程度不断加剧，产能也逐渐过剩，最后能活下来的企业可能只有七八家。

五金产品基本上没有差异，竞争获胜主要依靠低成本，还要避免资金链断裂。与行业前几名相比，刘总好像没有太多优势，该怎么办？

经过分析，他发现行业前几名通常采取常规的买地、建厂房、买设备、招人等方式，这会造成企业负债高、人员成本高、现金流压力大。如果前几名都这么干，整个行业一定会产能过剩，到时将爆发价格战。

而十名之后的同行，也没有什么新的玩法，处境更为悲观，有不少企业甚至不想再继续经营。

于是，他决定尝试一种新的轻资产模式——托管。

刘总首先走访九名之后的企业，挑选出一些不愿继续经营的进行托管。比如，托管五年，每年支付一定的租金，租用他们的厂房、设备、人员，同时接管这些厂家现有的客户资源。这等于用轻资产的方式扩大了产能，托管规模扩大后，就可以集中采购，降低原材料成本，从而在与前几名的竞争获得成本优势。

这种托管轻资产模式，以很少的资金掌控了大量产能，即便行业产能过剩，也可以维持经营，甚至可以并购行业内的头部企业。通过这种模式，原本没有优势的企业具备了优势，降低了投入成本和风险，获得了更高收益。

4. 联营

联营经营是各公司相互同意共同采取某种经营方式的联合。

某技术团队把配方交给愿意合作的厂家生产，与这些企业联合品牌，节省自己在品牌方面的投入，再委托合作企业生产，利用他们的工厂产能按成本价收购，最后委托合作企业销售。

如何激励这些企业愿意合作呢？在收益分配上，可以给予对方比较高的比例。在这种渠道招商模式下，把业务活动切割为技术研发、配方、生产、销售，另外将资源能力切割为品牌、资金、产能、销售能力等环节。技术团队可以掌控经营权，通过技术研发、配方输入、产品品牌授权和联合等方式，获得持续的分成收益，大大减少了技术团队的资金投入和股权稀释，还可以作为独立经营主体上市。

时下的一个网络热词——"创客联盟"，其实也是一种联营模式。几个创业者联合起来，抱团发展。与传统合作不同的是，这种模式不会出现"一山不容二虎，一个舞台不容两个主角"的现象。

沈腾和开心麻花的合作就是创客联盟关系。沈腾是开心麻花"一哥"，尽管他并未持有开心麻花的股份，但是他做的事情、拍的电影、上的综艺、产品代言等都与开心麻花以合伙公司的方式合作，既保证了双方的利益，又避免了矛盾冲突。

之所以称为联盟，是因为开心麻花不止沈腾一个明星，平台上还有许多与沈腾类似的明星。他们聚集在一起，就像一个联盟。

第五节

品牌招商：建立品牌影响力

如何进行品牌助推？

当企业处于扩张期时，就可以采取品牌招商模式。进入扩张期意味着企业已经度过了初创阶段和发展阶段，拥有了一定的市场份额和稳定的用户基础，此时的主要目标是进一步扩大品牌影响力，加速市场份额的增长，以及优化和完善销售渠道。

线下渠道与合伙人越多，就越需要思考如何进行跨界联盟、如何投放广告给合作方提升流量、如何做好公共关系以及如何整合上下游资源等问题，这些都有助于推动的发展。

把资金投入市场时，需要市场参与者接住。如果品牌影响力不足，渠道不够硬，投入的资金就可能会打水漂。但是，假设接钱的人有很多，你会发现，投入多少就能赚取多少，这是有利可图的。

所以，品牌招商的前提是建立品牌影响力，让品牌赚取更多利润。而品牌附加值就是通过品牌实现盈利，因此需要研究如何增加品牌的附加值。

很多人认为开工厂、生产产品、做品牌是自己的优势。其实这都不是真正的优势，真正做品牌的人一定会剥离产品，从产品本身去思考。从产品思维出发，会告诉别人产品的品质有多好、材料有多好、做工有多精细，但这并不是品牌的思维。

电影《泰坦尼克号》在开场时，潜水员去打捞沉船，找到一个箱子，打开箱子后里面是一个卷筒，再打开卷筒，呈现出一幅画，画上就是女主人公。

此时，你有没有注意到那个箱子的品牌？

正是路易威登。那么，为什么这样一部虚构的电影中会出现路易威登呢？这正是植入的广告，而且恰如其分。因为当年船上的乘客全是贵族和富豪，他们用的箱子是名贵的路易威登。

这就是潜意识输入。它在不断地告诉人们，这个品牌的箱包象征着贵族和财富，这才是品牌的意义。所有的品牌都是奔向一个目标——附加价值。

那么，如何实现品牌的附加价值呢，主要有以下三种方法，如图2-4所示。

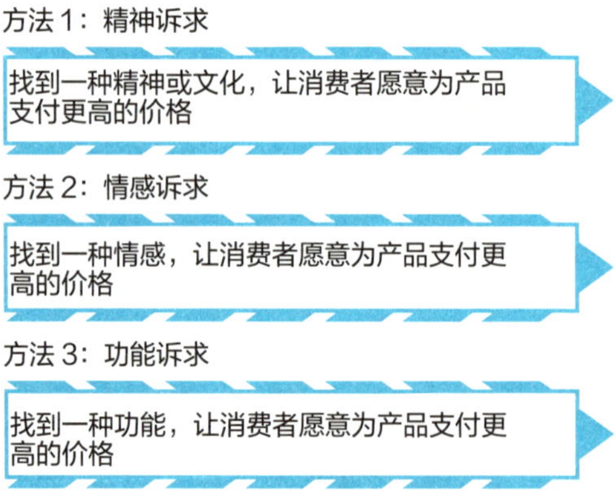

方法1：精神诉求

> 找到一种精神或文化，让消费者愿意为产品支付更高的价格

方法2：情感诉求

> 找到一种情感，让消费者愿意为产品支付更高的价格

方法3：功能诉求

> 找到一种功能，让消费者愿意为产品支付更高的价格

图2-4　实现品牌附加值的方法

1. 精神诉求

真正的品牌建设就是要让消费者有一个愿意支付高价的理由。比如，路易威登在精神层面告诉消费者，使用该品牌的产品代表着高贵和富有。再如，

购买奔驰、宝马代表着成功。这些品牌不断向消费者传递信息，开奔驰代表着尊贵，开宝马代表着你是年轻一代的精英。

2. 情感诉求

脑白金产品有一句广告语："今年过节不收礼，收礼只收脑白金。"它是怎么来的呢？

脑白金产品刚上市时，创始人史玉柱在江阴做试点。他问一位老太太："阿姨，您喝过脑白金以后，感觉如何？"阿姨说："脑白金好啊！喝完以后，睡得好，精神好，腿脚好，人都灵活了。"

史玉柱接着问："那您接下来还会继续购买吗？"老太太说："不买了。"史玉柱很不解："效果这么好，为什么不买呢？"老太太说："太贵了。"

同样，如果我们生产的产品也去做市场调研，调研结束以后，负责人开会说："经过一个多月的调研，市场普遍反映，我们家的产品只有一个问题——太贵了，所以我们考虑降价。"

你猜，价格降完还能不能卖得好？价格降完反而卖不出去了，因为价格降完就没有钱打广告与聘请推销员了？只有广告以及众多的促销员帮助销售，产品才能卖得好。

脑白金的主要有效成分是褪黑素，能帮助人改变睡眠。面对客户说"太贵了"，史玉柱并没有选择降价，而是把这个产品卖给了另一群人。他将产品包装成为一个送礼、表达爱的产品，而不是强调其助眠功能。"今年过节不收礼"这句话是谁说的？是老太太跟子女说的。

"今年过年那些乱七八糟的东西就不要送了，送给我也不要了，如果要送的话，就只送脑白金。"这就变成了情感方面的诉求，变成了孝顺、送礼，从而支撑起高价格。

这种打造品牌附加值的方法，就是利用情感诉求。

3. 功能诉求

很多产品，如佳得乐、红牛、六个核桃等饮料都有一个共同特点，即卖得比其他饮料贵，这就是功能诉求带来的品牌溢价。

一罐红牛卖6元，而其他同样体积、类似包装的饮料，大概只卖3元。

还有一位家长，一贯反对孩子喝饮料，因为担心对身体健康不好。但有一种饮料例外——六个核桃。每次考试，无论月考还是期中考试，这个家长都会让孩子喝六个核桃，还让他多喝两瓶，说"这段时间用脑过度，喝六个核桃补补脑"。

喝饮料能补脑，这就给了消费者一个愿意多花钱的理由。

很多人以为运营品牌就是打广告、开专卖店、优化包装、做活动。但品牌真正的核心是要让别人找到一个愿意支付高价的理由，只有找到了这个点，品牌的灵魂才能显现出来。

品牌的盈利方式有两种，一种是价格向上走，走高附加值路线；另一种是价格往下走，走性价比路线。很多企业往往想在这两种方式上"鱼和熊掌兼得"，既想走高附加值路线，又想走性价比路线，其实这是两种截然不同的路线。

如果企业同时走这两种路线，必须拆成两个公司。工厂不能做品牌，只能做产品，工厂就要聚焦在认认真真地把产品品质做好，降低成本。如果想拓展渠道，就必须成立一家品牌公司，然后由品牌公司下单给工厂，让工厂帮它代工，这样才能确保你的产品可以有持续的竞争力。

闻名世界的工厂——富士康，只做代工，买不到富士康电脑，也买不到富士康手机。

假如富士康想做品牌，该如何做？它收购了一家日本企业——夏普，然后做品牌、做渠道。

一家公司有三个"产品"，第一个"产品"卖的是产品本身，比如卖衣服、卖鞋子、卖包包等。

第二个"产品"，卖的是商业机会，比如加盟。

第三个"产品"卖的是什么呢？真正的高手卖的是公司知名度及美誉度，它不仅是产品品牌，更是企业家名片。

一提到海尔，就想到张瑞敏；一提到华为，就想到任正非；一提到格力，就想到董明珠。谁才是企业最佳代言人？那就是企业家本人——你的公司也需要让你成为如同明星般的存在，从而代言你的公司，把你的公司推广到全社会，让更多的投资者、更多的人才、更多的渠道知道你，从而跟你合作。

第六节

赋能招商：培养与增强团队

企业处于成熟期，如何打造自身平台？

企业处于成熟期，要通过打造自身平台进行赋能招商。

成熟期是企业生命周期中一个至关重要的阶段，标志着企业已经度过了初创期的摸索和成长期的快速扩张，进入了相对稳定和持续盈利的阶段。此时，企业已经积累了一定的市场资源、用户基础和技术能力，具备了打造自身平台的实力和条件。

打造自身平台不仅可以帮助企业更好地整合内部资源，提升运营效率，还可以通过开放平台吸引更多的合作伙伴和投资者，共同推动企业的发展。赋能招商则是借助平台的力量，为合作伙伴提供技术、资源、市场等多方面的支持，帮助其快速成长，从而实现共赢。

赋能招商能培养与增强团队。在招商过程当中，商学院模式可以发挥重要作用，类似于灵魂工程师。代理商不仅追求物质，还要追求精神，因为人是有思想的动物，需要精神归属和寄托，以及群体的归属感。公司是人们肉体的家园，而商学院则是公司全体人员的思想家园。

赋能招商就是培养代理商。必须以行业需求为导向，切实做到"学科跟着产业走、专业围着需求转"，促进教育链、人才链与产业链、创新链有效衔接。

那么，如何将赋能招商落地呢？

1. 招商必须培育代理商，否则就是"割韭菜"

为了复制盈利模型，无论是直营、加盟、托管还是合伙人模式，招商后，要全面培养他们，让他们赚钱。这就是"一招一育"，"育"靠的是标准化的盈利模型。

那么，未来合作招商的过程中，可以找"快招公司"吗？不可以。

2020年前，国内的快招公司很多，与他们合作存在风险。他们只解决招商问题，不解决育商问题。

一旦选择快招公司的品牌，80%~90%会倒闭。因为招完后，会面临两大风险。

首先，他们只为了招商，拿招商中的所有分成，从而许下虚假承诺。只要帮你把钱收进来，其他事情一概不管，都交给你解决。

钱是你收的，出问题最终也会找你。一旦做不成，合作伙伴不赚钱，就会找你麻烦，甚至可能给你挂上诈骗的名号。

其次，盲目招商会导致你的运营体系支撑不住，也容易崩盘。所以，快招公司是必须避免的。因为你不是从运营的角度去做品牌，未来可能会让很多人受损。要从运营的角度去做品牌的招商，才是造福他人的。

随着市场体量不断增大和渠道规模不断扩充，华为迎来了激发渠道能力的最佳时机。显然，作为"被集成"的对象，华为就像合作生态系统的培训师，承载了合作供应商伙伴的升级及业务护航的赋能责任。

华为认为，通过培训供应链强化合作伙伴关系，要比仅仅从产品功能和合作交互形成的关系更加紧密和持久。因为"赋能"是一个持续的过程，华为必须保证从渠道招募、培训赋能、业务适配、市场拓展及企业管理等一系列建设中，为供应链提供具有价值含量的"能量"。

那么，华为供应链赋能是如何落地的呢？

华为业务赋能体现全覆盖"4+1"合作伙伴生态圈——智慧城市、联合解决方案、云上生态、分销合作以及优选合作伙伴（OC），形成多点立体的能力培养系统。而在落地上，华为企业BG中国区的布局则是通过华为合作伙伴大学、联合创新中心、OpenLab等多种方式为合作伙伴开放相应的技术与资源。

随着更多伙伴的加入以及市场规模的扩大，华为合作伙伴大学也正式成立了，从行业趋势、企业管理、业务运作等多领域深化对合作伙伴的赋能及成长助力。

作为合作伙伴培训、赋能的总接口部门，华为合作伙伴大学致力于对合作伙伴进行分层分级的精准化赋能以及整个生态圈的建设，把打造系统化的售前、售后、财务、商务、供应链等经验能力体系作为发展重点。这对于合作伙伴而言极富战略价值，从某种意义上说，能够在如此专业的平台上实现能力互通可谓触手可及的"能量加油站"。

实际上，在华为生态圈中，包含着大量针对合作伙伴不同角色的精准支持，让"合作共赢"的理念渗透到每家合作伙伴的业务"基因"中。

2. 赋能招商需要数字化模型和产业化模型

渠道增多后，靠人力管理根本无法全面顾及。用人力管理是最不靠谱、成本最高的方式。这就需要一系列的管理工具即数字化模型来代替人的工作，从而节省成本。

当产业内流量增加，就可以寻找更多的产品合作，而不必每天研究新产品。只需要研究如何去并购、兼并好的产品，放入自己的渠道，使其按产业化模型发展，再销售一轮。

3. 集团化，形成互补

对于企业经营，有一句话值得我们反思——"没有成功的企业，只有时代的企业"。一个企业与其所处的时代紧密相连、生死攸关，顺势而为者生。

作为领导者，要把决策、行动的权利赋予了解情况的一线人员，也就是赋能。要做到这一点，就必须对现有的管理体制、文化进行改造，需要从"全能型领导"转变为赋能下属，信任其能够根据情况第一时间处理问题。

作为企业组织，赋能才是这个时代管理变革正确的打开方式。赋能模式的核心就是利用自己积累的优势资源，输出给资源能力比较少的利益相关者，形成互补，为彼此产生价值。

小米公司于2010年成立，雷军和他的创始团队从智能手机这个单品切入，利用互联网平台进行销售，实现了快速增长；到2017年，销售额超过了1000亿元；2018年7月，小米成功上市。为什么小米发展得如此迅速？

因为在2013年底，小米成立了智能硬件生态链事业部，把智能手机作为流量入口，引入更多的智能硬件产品来扩大产品线，包括智能家居、电视、电脑等系列产品。那么，这些产品后来是如何实现快速增长的呢？

一般情况下，很多集团化企业扩张主要有两种做法。

第一种做法是内部培育和从外部招兵买马相结合，自己研发产品。这种做法的问题在于，内部员工的能力可能不够强，投入的隐性成本也比较高，结果具有不确定性。

第二种做法是兼并收购，包括收购控股权或者整个企业。但是这种做法的问题在于花钱比较多，陷阱比较多，整合也比较困难。很多小企业被并购后，和大企业在企业文化、管理规范等方面存在排异现象，尤其是核心团队一旦离开，往往使大企业得不偿失。比如，分众传媒创始人江南春说过，他不太喜欢收购以人力资源为主的企业。因为核心资源在人身上，而人是流动的，企业经常会出现买了企业，人都跑了的情况，最终人财两空。

小米没有采用这两种常规做法，而是采用了孵化加速、非控股投资的赋能交易模式。

按照创富商业模式的思维，首先要分析小米拥有哪些资源能力，缺乏或者需要哪些资源能力。小米的创始人团队并非普通大学毕业生，而是在科技公司负责过技术、产品、运营等方面的高管人员，资源能力丰富。这个团队具备的资源能力，如图 2-5 所示。

图 2-5　小米创始人团队具备的资源能力

①供应链资源方面，小米拥有全球供应链体系，可以实现集中采购、管理和销售。

②人才库资源方面，小米拥有生产制造全价值链的专业人才。

③用户资源方面，小米通过前期手机销售积累了两亿多粉丝，主要是17~35 岁的理工男，并且正在向女性和高年龄段扩展。

此外，小米还有销售渠道、市场数据、服务体系、品牌声誉、投资能力等资源能力，在此不再赘述。

小米虽然积累了众多资源能力，但仍欠缺一些资源能力，特别是其他智能产品的核心技术和设计研发能力等。那么，小米欠缺的产品技术资源能力在谁的手里呢？主要在一些大型制造企业和科技公司出身的创业团队手里。

对于创业企业来说，痛点在于它们没有知名度、采购量小、原材料采购价格偏高，由于渠道加价，导致销售价格比较高，从而销售量小，增长速度慢，融资也更加困难。这些创业企业所缺乏的资源能力，恰恰是小米所具备的。

对于小米来说是万事俱备，只欠东风，而对于这些创业企业来说却是只有东风，但缺万事。所以双方的资源能力形成互补，可以产生交易价值。当然，小米在筛选这些公司进行合作赋能时，也有一定的条件。

①市场空间要足够大；

②产品痛点和不足比较明显，包括性价比不高，品牌没有知名度等；

③有耗材或者可迭代，可以让产品相对丰富；

④与小米的用户群契合，可以享受小米用户的红利；

⑤价值观一致，不追求急功近利、赚快钱；

⑥团队足够强大，能够驾驭运营。

小米的盈利包括两部分。一是业务分成收益。销售产品的利润，小米和生态链创业企业五五分成。二是投资收益。小米对部分生态链创业企业进行非控股投资，等生态链创业企业上市或者被收购后，可以获得股权增值收益。

当然，这种模式存在一定风险。由于小米对这些生态链创业企业采用非控股方式，因此对其发展没有决定权。如果出现产品品质问题，可能会给小米品牌带来损失。

面对这个问题，小米如何对其管控呢？

首先，小米的用户资源、资金等为创业企业带来了巨大收益，所以离开小米，创业企业将损失惨重。其次，小米建立了严格的品控标准。最后，小米把一部分智能产品组建为新的米家品牌，与小米手机品牌进行分离。

小米的这种赋能模式对创业企业来说，可以减少投入资金，加快发展速度；对小米自身来说，可以减少研发投入，把成本变为收益；对投资者来说，了解企业的商业模式，有助于发现优秀企业。所以对多方都具有巨大的社会效益。

第七节

竞争招商：应对与超越竞争对手

市场竞争愈演愈烈，企业招商如何出奇制胜？

企业生命周期的最后一个阶段——竞争期，要聚焦于竞争招商。

步入竞争期意味着企业已经处于一个高度成熟且竞争激烈的市场环境中，市场份额和利润增长可能变得更为艰难。此时，企业需要更加精准地把握市场动态和竞争对手的动向，以制定有效的竞争招商策略。

市场竞争愈演愈烈，企业招商如何出奇制胜？

对于一家企业来说，品牌的心智地位以及市场资源决定了所采用的竞争策略形势。营销策略主要有四种：防御型、进攻型、侧翼型、游击型。各品牌可以根据自己所处的位置及资源配置状况，从中找到适合自己的最佳策略。

那么，企业究竟应选择哪种商业竞争模型呢？

这由企业的实力来决定。如果实力强大，应选择防御型。如果实力弱小，只能选择游击型。一般情况下，同一行业的 100 家公司里，大概有 2 家选择防御型，2 家选择进攻型，3 家选择侧翼型，剩下的 93 家选择游击型。

1. 防御型

防御型有以下三个原则。

（1）只有市场领导者，才能选择防御型。每个行业一般会有 2 家巨头，占据第一梯队，傲视群雄。比如，可口可乐和百事可乐、奔驰和宝马、波音和空客、麦当劳和肯德基等。

（2）最好的防御型是自我进攻。因为已经站在行业顶尖，是引领者，就要自我革命、自我创新，继续成为对手的学习榜样。巨头一直被模仿，从未被超越。比如，苹果公司系列产品，上面没有对手，只有自己迭代新品，不断超越，继续引领。

（3）时刻阻止别人的攻势。已经跑在了最前面，即行业引领者，如同在山路开车，前面都没有车，那么对手就只有自己。你要时刻防御别人的进攻，这就是防御型。大企业为什么设有公关部、法务部、专职律师，就是防御用的。

2. 进攻型

进攻型由谁发起呢？一般是由行业第二名或第三名发起。敢向"领头羊"发起进攻，实力一般都很强。进攻第一名，不一定能打赢，但是只要敢于挑战，在外界看来，会认为他们是同一个梯队的。

当年可口可乐是饮料界巨头，百事可乐是其中一家比较弱小的企业。百事可乐对可口可乐发起了挑战，宣称自己代表新一代可乐，可口可乐是老一代可乐。最终虽然没有打赢可口可乐，也没有输，而是通过这场心智战争，将其他可乐公司打败了，百事可乐从此跻身饮料界第一梯队。

进攻型也有以下三个原则。

第一，攻击对手的反面。比如，鄂尔多斯羊绒衫的反面在于价高，于是另一家公司推出平价羊绒衫，将价格降低，从而抢占一部分市场。当然鄂尔多斯也没有输。

第二，攻击对手的弱点。一个公司即使强大到不可战胜，也一定有其相应的弱点，这些弱点就是进攻的目标。

第三，狭路进攻。不要在宽阔的地方和领先者正面搏斗，要找狭窄的阵地发动进攻。比如，江小白横空出世，切出白酒中一个很窄的市场，用炫酷的包装和文案，赢得了年轻一代的市场。

3. 侧翼型

侧翼型一般是在远离领先者的地方发动攻击，而且不会引起领先者的注意。还有一个区域，就是领先者看不上的市场，也可以作为侧翼型的目标。

侧翼型的三个原则如下。

（1）巨头看不上的地方，巨头不想打的地方，就是侧翼型的市场。

你是星巴克，小区里的市场你无法覆盖，就给其他企业留下了竞争的地方，于是蜜雪冰城横空出世。开业两年，就开出 2 万家店，基本每个小区都有一家。同样，瑞幸咖啡在写字楼里面选择侧翼型，也占领了星巴克没有触及的市场。

（2）局部进攻。不能和领先者正面交锋，要选择其中一个局部来进行攻击。

长城汽车选择了局部市场，推出经济型 SUV 汽车，用这一个点，攻下了日系车企一部分市场。销售额从 2008 年的 80 亿元增长到上千亿元。

（3）乘胜追击。只要打出一点优势，就继续扩大优势，并且坚守这个优势。很多中小企业创业者，在局部市场取得一点成绩后，就开始飘飘然，认为自己是行业领先者。

当年有一些公司，拿到了支付牌照，就想和微信叫板。现在结果如何呢？支付只是微信的一个业务板块，微信还有其他有竞争力的功能，微信稍微调整一点，就能轻松碾压。这样不切实际的创业者实在太多了，在此就不一一举例了。

4. 游击型

在商业竞争中，游击型用得最多，因为中小民营企业特别多。游击型的三个原则如下。

（1）快速反应，打得赢就打，打不赢就跑，一旦有失败迹象，立即撤退。打不赢不代表打输了，而是为了保存实力，以便下次再战。也就是说，跑了并不意味着失败，跑了不会造成太大损失，这就是游击型的精髓。

（2）找到一个细分市场，选择一个细小的品类，成为小池塘里的大鱼。这是市场中的生存之道，总有一块市场能让人存活下来。

（3）坚守小而美，不要有了一点成功，就去学习领先者。比如，过去十年最成功的三家公司——BAT（百度、阿里、腾讯），它们是引领者。但是随着互联网行业的兴起，很多公司选择游击型取得一点成果后，纷纷学习 BAT 的做事方法，引入 KPI 平衡计分卡，使用庞大的管理软件，却忘了自己是中小企业，最后要么被收购，要么在市场上消失。

本章重点

● 可以不花一分钱开一家新店，并且占股 70% 以上，这就是初创企业的融资招商模式。融资招商的对象是你的业务交易主体，即业务活动环节上、下游利益相关者，如供应商、经销商、零售商、客户，甚至是同行、竞争对手。

● 初创企业可以通过带货招商快速扩大业务规模。主要有直播带货、私域带货、会销带货等手段。

● 有资源的人可谓多如牛毛，与他们合作就是流量招商。比如，当下最大的流量入口无疑是直播带货。如果你选择与网红合作，借用他们的流量，何惧库存积压呢？

● 处于发展期的企业最适合渠道招商。在企业架构之初，你就要思考是选择直营、加盟、托管还是联营。

● 企业处于扩张期时，要选择品牌招商模式。其前提是建立品牌的影响力，让品牌赚更多利润，需要研究品牌本身如何提高附加值。

● 赋能招商就是培养代理商。必须以行业需求为导向，切实做到"学科跟着产业走、专业围着需求转"，促进教育链、人才链与产业链、创新链有效衔接。

● 对于一家企业来说，品牌的心智地位以及市场资源决定了所采用的竞争战略形势。营销策略主要有四种形式：防御型、进攻型、侧翼型、游击型。各品牌可以根据自己所处的位置及资源配置状况，从中找到适合自己的最佳招商策略。

第三章
招商之术
设计招商架构"三定"

从本质上讲，企业的组织架构是基于业务的，最根本的任务是完成招商业绩，如果有附加条件，那就是更高效、低成本地完成招商。当生产关系阻碍了生产力的发展时，所有对招商产生阻碍的组织形式都需要进行变革。

组织架构是公司招商运营的重要基础，它的合理性和高效性直接影响着品牌的发展和业绩。

第一节

设计原则：用招商的思维做直营

直营与加盟模式各有利弊，但并不冲突，如何平衡两者关系？

一般来说，直营店由总部统一管理，承担着一些重要使命，以推动企业的发展和扩大品牌影响力。

直营店是品牌形象的直接展示窗口，总部通过直营店的装修、陈列、服务等方面来展示企业的品牌形象和文化，使消费者能够直观地感受到品牌的特色和魅力。总部会制定一系列的销售策略，包括产品定价、促销活动等，而直营店则负责将这些策略付诸实践。

此外，直营店还承担着拓展市场的使命。在市场竞争日益激烈的环境下，总部需要不断寻找新的市场机会和拓展空间。直营店也是总部人才培养的基地。直营店通常需要招聘大量的员工，通过系统的培训和管理，这些员工可以逐渐成长为企业的中坚力量。

美容院的一家直营店由总部管理，这家门店可以试用新产品、新工艺，还可以培育人才。培育出的人才可以输送到其他连锁店。美容院做大后，一个城市可以再开一家直营店。

汽车工厂会开一家汽车销售直营店，由工厂来管理，规模很大，属于旗舰店级别。这家店也叫一店，有新车下线时会率先放在一店销售。同样，青岛啤酒也有这样的直营门店，新款啤酒上市时会在一店销售，而且一店的啤酒瓶盖上有特别的编号。

类似地，蜜雪冰城有几十家直营店，数量不多，但是这些店的性能是综合的，可以培养人才，可以用来参观，还可以测试新品和新流程。既然是直营店，就由总部管理，工资、提成、奖金由总部来发，股权也由总部来分配。

与直营不同，加盟属于合作关系，总部会积极提供一些管理理念、操作经验，但是实际经营权属于各个加盟店。而且，许多加盟店虽然独家加盟某个品牌，但仍会与其他品牌商合作。

某美容院品牌的加盟店，使用总部的统一装修风格，使用着总部的仪器和化妆品。但店里还会销售其他品牌的化妆品，这是行业的共识。因为总部不可能提供加盟店需要的所有化妆品，而且外面那些利润更高的化妆品，加盟店也会引进。

通常，加盟店有三步走发展模式，如图3-1所示。

1. 跟随总部的指导，使用总部的策略，不触碰底线
- 比如麦当劳、肯德基虽然都有加盟店，但是完全看不出加盟的感觉，因为总部有约束和底线

2. 使用总部的品牌，同时结合自己的推广策略
- 走在街上可以看到茅台酒旗舰店、洋河旗舰店。它们使用总部的品牌，有些活动是自主策划的，会推出一些优惠策略。头脑灵活的老总，往往会选择加盟方式，一半约束，一半自由，可以凭借一家加盟店发展致富，然后再开出多家加盟店

3. 交完加盟费，用这个品牌赚快钱
- 用料、定价、服务，都是自主的，这类加盟商，最后做出来的产品良莠不齐，服务也有好有坏。因为没有约束，开着开着就倒闭了。加盟商和总部之间没有股权关联，总部只收加盟费

图3-1　加盟店三步走发展模式

前些年出现了一种加盟店模式，每年要拿出一定的利润上缴给总部，这是一种分成的方式，不是股权分配的方式。现在加盟的方式是只交加盟费，给品牌方一笔收入。总部会有偿提供原料，又是一笔细水长流的收入。总部

给加盟商提供的这些原料，会根据加盟商的使用量给予优惠和折扣，那么，加盟商会不会"挂着羊头卖狗肉"，偷偷换掉一些原料呢？

所谓"人心隔肚皮，贪欲无底线"，不管总部提供多么优惠的折扣，给多少返利，市场上总有更低价位的产品，但要长久必须严格把控。比如火锅连锁店，如果在食材上严格控制，在卫生上严格监督，加盟店是不会轻易倒闭的。

直营与加盟模式各有利弊，但是并不冲突。区别无非就是由谁出钱：自己出钱就是直营，别人出钱就是加盟。我的观点就是，未来开直营店，一定要用招商的思维做直营，而非直营的思维。

用招商的思维做直营，不是看谁的能力强就让谁去开店，最关键的一点，要看他能不能承担风险，能不能承担亏损。

假设我要开直营公司，一定要把所有员工召集起来，把计划告诉大家。开一家分公司需要投资 100 万元，想做分公司老总的人必须入股占 30%。如果分公司亏损，你投资的 30 万元也就打水漂了。

如果你愿意承担风险且有能力来运营，在占 30% 的股份前提下，前三年给你 70% 的分红，同股同权。

亏损共担，盈利共赢。亏的钱大家一起承担，赚的钱可以多分点给你。

用直营的思维做直营，成功的概率太低了；用招商的思维做直营，成功的概率马上提升。那么，用招商的思维做直营应该如何落地呢？这时就要设计招商架构，做到"三定"，如图 3-2 所示。

设计招商架构时，要实现"三定"——定模式、定层级、定架构，以确保招商工作的顺利进行和高效管理。招商模式的选择应根据企业的战略目标、市场环境和资源能力来确定；招商层级的设定应基于企业的组织结构和管理需求；招商架构的设计应考虑到各部门之间的协作和沟通效率。同时，随着市场环境和企业情况的变化，招商架构也需要不断地进行调整和优化，以适应新的发展需求。

图 3-2　设计招商架构

第二节

定模式：外部视觉逻辑划分模式

在招商过程中，如何确定一个有效的模式？

　　通常情况下，我们将招商合伙的类型划分为五种：直营、加盟、托管、经销、合伙人。在直营模式下，企业直接拥有并管理店铺或业务单元，所有经营决策、财务、人事等均由总部统一负责。在加盟模式中，企业授权第三方（加盟商）使用其品牌、技术和经营模式，加盟商负责店铺的日常运营，并支付一定的加盟费用。

　　在托管模式下，企业将店铺或业务单元的经营权委托给专业的第三方管理机构，由其负责店铺的日常运营和管理，企业则保留所有权和收益权。在经销模式中，企业与经销商建立合作关系，由经销商负责在特定区域内销售企业的产品或服务。在合伙人模式中，企业与个人或团队共同投资、共同经营业务，共享风险和收益。

　　这五种招商合伙类型各具特色，企业在选择时需要根据自身的战略目标、市场环境和资源能力进行综合考虑。

当下有一个流行的观点，即看一个招商模型的核心是看它的资金、系统和人才，从公司内部视觉来看，"我缺什么，就对外发布什么"，如图3-3所示。

内部视觉

直营：有资金、有系统、有人才
加盟：无资金、有系统、无人才
托管：无资金、有系统、有人才
经销：无资金、无系统、无人才
合伙：无资金、有系统、无人才

图3-3　招商的内部视觉

这就是大部分招商机构的认知，认为内部视觉就是判断的标准，但是它却存在一些问题，我们通过举例来看。

开一家1000平方米的日式料理店，想走连锁扩展路线。有系统，有标准操作系统（SOP），有门店管理的经验，而且单店是盈利的，但是现在没有钱复制，也没有人才往外派。假设按照上面的逻辑，请问应该选择哪种模型？答案是加盟模型。可问题是，一旦有人出钱加盟，加盟者赚钱的可能性大还是小呢？

很小。加盟者的风险在于，1000平方米的大店难以复制运营，做日式料理对厨艺要求高，你把标准教给加盟者，他也未必学得会。最后的风险全部转移到加盟者身上，这就是很多品牌扩展出现问题的缘由。

为了纠正这些错误。我认为选择什么样的招商模型，不应该从内部视觉看，而应该从外部视觉去看问题。

因此，我重新提炼了外部视觉的逻辑，重点看服务、运营和资源，如图3-4所示。

从外部视觉去看待招商模型的选择，更为全面和客观。这种视角能够

外部视觉

服务：产品标准的难易度
运营：设计管理的复杂度
资源：项目资源的依赖度

图 3-4　招商的外部视觉

让我们更加聚焦于项目的实际需求和市场环境，而不仅是从企业内部因素出发。

在招商过程中，服务的质量直接影响合作伙伴的满意度和忠诚度。运营能力是项目成功的关键之一，我们需要从项目的整体运营需求出发，考虑如何构建高效的运营体系，包括供应链管理、物流配送、市场推广等方面。资源是项目发展的基础，我们需要从项目的资源需求出发，思考如何整合内外部资源，包括资金、人才、技术等方面。

从外部视觉出发，重点考虑服务、运营和资源这三个方面，可以帮助我们更加准确地选择适合的招商模型。

我们还是对前文的案例进行讨论。

加盟日式料理店失败的可能性很大，存在以下几个原因。

①服务。项目的服务要求高，产品标准化难度大，这就是项目难以复制的关键因素，产品和服务不好复制。

②运营。1000 平方米的店太难管理了。试想一下，开麻辣烫和火锅店，哪个更好复制？肯定是麻辣烫，一个 100 平方米的小店，夫妻两个人，外加两个洗碗工，四个人搞定麻辣烫店，不涉及管理。而上千平方米的火锅店涉及管理，像日料店还涉及服务，难度太高。所以，大店适合做直营，不适合做加盟去收加盟费。

③资源。假设一个项目涉及公共关系管理，做加盟模型成功的可能性就不高。

综上，外部视觉更关键，决定了项目某个阶段的成功与否，如表 3-1 所示。

表 3-1　外部视觉招商阶段性模型

招商模式	外部视觉	项目举例
直营模式	重服务、重运营、有资金、重资源、有系统、有人才	日料店、粤式餐厅
加盟模式	轻服务、轻运营、无资金、轻资源、有系统、无人才	早餐店、小卖部、便利店、零售店、美妆店、热灸、艾灸（产品容易标准化）
托管模式	重服务、重运营、无资金、轻资源、有系统、有人才	大餐饮、软件业
经销模式	轻服务、无运营、无资金、轻资源、无系统、无人才	快消品零售业、微微电商（高复购）
合伙人模式	轻服务、轻运营、无资金、轻资源、有系统、无人才	"拓客"（流量+交付）

第三节

定层级：招商模型阶段性特点

你的企业最适合哪种招商模式？

你的企业最适合哪种招商模式？你心里有答案了吗？

其实，直营、加盟、托管、经销、合伙人这五种招商模型都是阶段性模型，企业发展起来后，一定是混合型架构，这就出现了层级问题。

不同层级的招商模型应该有明确的目标和职责，以确保整个架构的有序运行。例如，直营和加盟可以作为企业拓展市场的先锋，负责在市场上建立品牌形象和口碑；托管和经销可以作为稳定市场的中坚力量，负责在成熟市场中维护品牌地位和市场份额；而合伙人则可以作为战略合作的桥梁，负责与其他企业或机构建立合作关系，共同开拓市场。

在招商模型的阶段性特点中，定层级是一个重要的环节。招商模型的层级设定，需要基于企业的发展阶段、市场需求和资源能力等因素进行综合考虑。而单层架构和多层架构作为两种常见的系统架构模式，也可以为招商模型的层级设定提供有益的参考。

对于招商模型的阶段性特点，我们可以将其大致划分为初创期、成长期、成熟期和转型期四个阶段。在初创期，企业通常采用直营或加盟模式，通过自主经营或引入合作伙伴快速进入市场。此时，单层架构可能更为适用，因为其简单直接，能够快速实现基本功能。随着企业进入成长期和成熟期，市场规模逐渐扩大，运营复杂度增加，此时可能需要引入经销、托管等更多元化的加盟模式，并采用多层架构以支持更复杂的业务逻辑和更高的扩展性。在转型期，企业可能需要探索新的业务模式或合作方式，此时招商模型的层级设定需要更加灵活和开放。

1. 单层架构

单层架构模型，如图 3-5 所示。

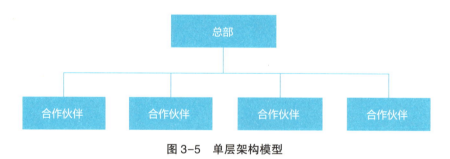

图 3-5　单层架构模型

单层架构即总部直接招合作伙伴，表现为开办直营公司或者招合伙人。

在单层架构中，所有的功能和业务逻辑都集中在一个层级中，这使得系统简单且易于维护。然而，随着业务复杂度的增加，单层架构可能难以应对。此时，多层架构的优势就凸显出来了。

2. 多层架构

多层架构通过将系统划分为不同的层级，每个层级负责特定的功能和业务逻辑，使得系统更加模块化，易于扩展和维护。例如，在招商模型中，可以将服务、运营和资源等不同功能划分到不同的层级中，实现更精细化的管理和控制。

多层架构模型，如图 3-6 所示。

图 3-6　多层架构模型

过去，快消品行业的公司为了解决物流、"拓客"等问题，采取省代—市代—县代—代理的多层架构模型。

相较于多层架构，单层架构模型只需要交付货品，所以比较适合基层分销电商模型，只要分销出去，就可以拿到收益。它更适合只卖产品、没有服务的互联网组织。

涉及需要服务的，一般要用到多层架构模型。但是多层架构存在的最大问题是层级很多，分配的空间很大，不符合这个时代。现在是互联网时代，中间环节没有存在的必要了。以前找中间代理商解决物流问题，现在找快递公司更容易、更便捷，速度更快。

以前，中间代理商有个很大的功能——招商。但在如今这个优势已经不存在了，只要用互联网投流，就能找到更多的合作伙伴。

　　本来，总部可以直接赋能代理商，但是多层架构的中间环节为了自身利益，阻拦了总部与代理商的直接沟通，中间代理商已经不存在育商的价值。假设总部有一个想法，过去是先交给省代，省代交给市代，市代交给县代，最后由县代交给最底层代理商，还不如现在总部直接把代理商拉到一个微信、QQ群里，来得更加直接。

　　也就是说，传统多层架构模型已经被淘汰了。

第四节

定架构：重服务、重资源架构模型

单层架构与多层架构有何不同，如何定架构模型？

　　与单层架构不同，多层架构是为了解决服务的问题，所以要适应时代做整体模型改造。目前，市面上存在以下基于互联网的模型。

1. 超级渠道模型

　　超级渠道模型架构一定是重服务的公司所需要的，在全国各个地方建有运营中心。总部要求怎么干，下面各层级就要怎么干。

　　你经营一家软件公司，难道把软件卖出去就不管了吗？当然不是，它需要长期做服务，长期落地指导，还需要"走出去"。如果你只在本地发展，只服务于本地，你的竞争力将会大大下降。如果没有"走出去"，没有在各地服务，你的服务周期会变得很长，服务成本也会变得很高，未来也就不容易做强、做大。

　　超级渠道模型是多层架构，如图3-7所示。

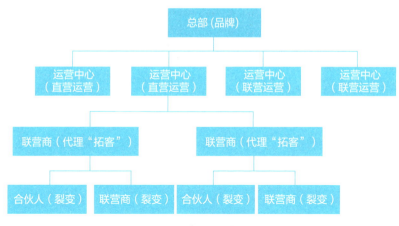

图 3-7　超级渠道模型

总部下面第一层的运营中心，部分可以做直营，部分可以做联营，但是所有这些运营中心的目标都是做好服务。做联营的好处在于，有些地方的市场需要当地资源才能打开，所以要找当地有资源的客户合作，让对方来做。

有的地区有市场壁垒，采用加盟模式更容易成功。反观很多大城市，市场是很开放的，无论做直营，还是加盟模式，成功概率都比较大。所以，我们要分门别类，根据地方市场的具体情况来运营，开放的市场做直营，封闭的市场找合作伙伴，在整体的框架中进行设计。真正的连锁模型，一定不是"1×N"式疯狂复制，而是根据地方市场推策略，把市场分类。

再往下一个层级——联营商（代理"拓客"），这个层级最大的价值，是把"拓客"工作交给当地的合作伙伴。但是，联营商不是万能的，它的当地资源也会耗尽，该怎么办呢？

再往下一个层级拓展合伙人，下端有很多的 B 端企业，把它们变成合伙人，由联营商代理"拓客"。也就是把联营商下端的资源变现，让联营商获得收益。如果不这么做，留在联营商手里也是资源浪费。所以，所有的合作归根结底就是利益分配，用利益交换资源。一旦形成这种模型，你就可以做得越来越大，而且你与联营商会变成共存的关系。联营商不会随随便便停止和你合作，因为资源在你手上。

这种超级渠道模型，是一种非常高级的打法，可以弥补很多招商工作中的不足。

（1）它的内部存在分销模型。单独摘出合伙人及以下的层级，就是分销模型。客户的周边必有客户，让用户来介绍用户是获客速度最快的。也就是说，分销拓展客户获取流量是最快的，这一点毋庸置疑。

（2）它存在经销模型。未来的经销模型中"省代"将被砍掉，在互联网时代，不需要"省代"这个概念。以前的省代，变成了直营模型中的运营中心；以前的市代，变成了联营商。运营中心要以市为中心建立，在当地提供服务即可，当然个别项目除外。

过去的代理商只能赚卖货的钱，现在的代理商既赚带货的钱，又赚招商的钱。全赚才更有动力。

国内知名品牌"黄飞鸿"，它的连锁店为什么在3年多的时间里裂变了6000多家？因为它的店长自己开店赚了钱，就推荐自己周围的亲戚、朋友也来开店。如果一个人推荐开7家连锁店，每家收5万元管理费，就能获得35万元的收益，比他自己开店的利润还高，何乐而不为呢？

服务业是随着商品生产和商品交换的发展，继商业之后产生的一个行业。那些重服务、对地方资源依赖性大的公司更适合这种超级渠道模型，比如软件咨询行业。重服务的好处在于，每年客户都需要续费。假设你所在的行业也重服务，但是利润低，想把企业做大、做强很难，那么建议你放弃这类行业。

2. 总部赋能模型

总部赋能模型也适用于重服务的行业，但要对资源的依赖性很小。

总部赋能模型也是多层架构，如图3-8所示。

招商总部在全国各地搭建运营中心，在当地服务，但是不需要找当地人来联营。最适合搞这种模型的是大众消费品，还有餐饮、服装等面向消费者端的服务业。

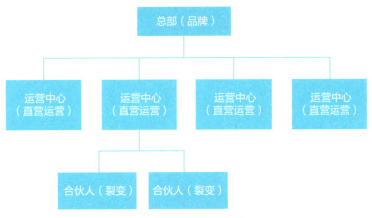

图 3-8 总部赋能模型

各地运营中心就是服务的主体，向下发展合伙人裂变，客户的身边必有客户。

3. 分销赋能模型

分销赋能模型适合面向消费者端的大众消费品行业，连运营公司都不建，没有服务环节，单靠裂变卖货分钱，品牌方直接对接合伙人。

分销赋能模型是一种单层架构，如图 3-9 所示。

图 3-9 分销赋能模型

理论上说，服务越重，层级就越多，所以不需要服务的分销赋能模型，只有一层（不算总部）。

分销模式公式为：分销电商=消费者+传播者+服务者+创业者。分销经历了速度为王、产品为王、团队为王、品牌为王的阶段，接下来将朝着构建完整分销生态系统的趋势发展，形成完整的商业闭环，上中下游相互协作、推进。

分销电商未来趋势如图 3-10 所示。

图 3-10　分销电商未来趋势

移动互联网的崛起，成就了社交电商的迅猛发展。不仅是新零售行业，所有与线上业务有关的领域业绩都将成倍增长。不得不说，在每个行业都一样，总有人赚得盆满钵满，有人却两手空空。究其原因，对行业的认知偏差和思维方式决定着命运的不同，今天的分销同样如此。

作为分销人，必须具备以下八大思维方式，如图 3-11 所示。

图 3-11　分销人必备的八大思维方式

（1）利他思维

利他思维就是，我将好的产品卖给用户，用户得到了实惠和帮助，我觉得我帮助了他。从客户需求的角度来看，把客户真正有需求的产品销售给他，这才是对客户有利的，而不仅是随意选一个手中的单品销售给他。

同时，做好售后服务也很重要。比如，有一部分客户碍于面子买了一些产品，买回来后却一直不用或者直接送人了，试想，这种情况不跟踪服务能行吗？是真正的利他吗？

（2）裂变思维

分销一定要有裂变思维。你要服务好你的客户，赢得口碑，让客户为你源源不断地介绍客户，拓展销售渠道，这就是产品的裂变思维。

（3）社群思维

社群思维是分销模式的核心。

当年小米就是先在手机论坛上找到了 1000 个人，然后把他们拉到小米的论坛里，最终选出 100 个人，让他们将任意品牌手机的操作系统刷成小米的 MIUI 操作系统进行体验。而这 100 个人就是小米的第一批天使用户，也是小米社群的起点，通过早期的用户积累，小米逐渐发展壮大。

我们一定要重视社群文化、社群营销，掌握社区运营的基本规律。

（4）策划思维

任何商业活动都需要策划，要结合自己的产品特点、目标消费者和团队，以及不同的时间节点，策划一些活动。无论是线上活动还是线下活动，在策划之初就要有长期观念，不一定非要通过促销获得多少销售额，有时能够带来一些种子客户也是非常不错的选择。

（5）成本领先思维

有舍才有得，有些人只知道索取，从未想过付出，缺乏这种付出的思维。看看那些舍得给客户实惠的人，出货多，客户多，资源也多。当然，还可以采取其他形式，比如争取赠品、主动给予情绪价值都是一种付出。

（6）互联网思维

如何在网上吸引客源、如何通过互联网发布信息、如何通过互联网和社交软件进行成交、如何使用各类 App 等，都是分销必须学会的技能。同时，要培养互联网思维，学会社交软件的交流沟通方式，学会自媒体的运营，以及通过一些网络手段来提升工作效率。

（7）IP 思维

每个人都需要思考如何打造自己的个人 IP，销售的本质是先销售自己，要提高自己在行业内的专业度，让自己变得专业起来。

从事美妆行业，就要努力学习成为美妆师或美妆博主；从事餐饮相关行业，就要努力让自己成为一名好的营养师或美食家。给自己的定位不同，所处的圈子也就不同，只有成为领域里专业的人，才能吸引这个行业里更多人的信赖。

同样，还要学会包装自己，将自己生活中最美的一面呈现给用户，具有 IP 思维能够帮助你建立强大的吸引力。

（8）分享思维

没有分享就没有互动，没有互动就没有成交。生活中要做一个善于分享的人，告诉别人你是怎样的一个人，你是谁，你会做什么，你懂什么，你擅长什么，你能给别人带来什么。只有你给别人带来价值，别人才愿意与你互动，才愿意为你的事业助力。

要善于分享生活、分享感悟、分享成就、分享经验，你分享得越多，喜欢你的人就越多，与你互动的人也越多，这些人自然就会成为你的客户或代理。越分享，越成功。

本章重点

● 选择招商模型不应从内部视觉出发，而应从外部视觉考虑。

● 你的企业最适合哪种招商模式？你心中有答案了吗？其实，直营、加盟、托管、经销、合伙人这五种招商模型都是阶段性模型，企业发展起来后，通常会采用混合型架构，这就涉及层级问题。

● 与单层架构不同，多层架构是为了解决服务问题，因此需要进行整体模型改造。

第四章
招商策划
给别人一个找你合作的理由

　　在招商策划过程中，我们要对优势和不足这两个根本要素加以
细化。要将自己的优势逐一找出。比如招商策略优势、品牌优势、
产品优势、市场运作优势等。

　　同时，我们也要清楚自己的不足，并且尽力地去弥补和克服这
些不足。此外，我们还需要将自己的优势和不足与竞争对手相比较，
找出改进的方法和措施。

第一节

找到对标：打造无可替代的产品

项目设计的核心在于明确优势，找到背书

只有在正确认识自己、了解目标客户和竞争对手的基础上，我们才能在招商演说的开场做到胸有成竹、信心十足。认清自己只是一方面，更重要的是了解对方。在对我方和对方都有了尽可能详尽的了解之后，我们的招商策划才会更有把握、更为可靠。

招商策划，就是提炼企业的竞争优势，给别人一个与你合作的理由。在存量市场中，招商就是抢资源、抢渠道、抢客户，要先从别人的兜里把资源抢过来。直接撬动头部资源，然后撬动腰部资源。我们只找一个体系中最好的公司作为目标，把前三名撬过来，腰部资源自己会跟随过来。接着再把渠道和客户抢过来。

招商策划阶段需要完成以下五步。

第一步，找到对标。只将第一名作为对标，因为只要能找到比第一名更强的销售卖点，就很容易超越。去找第二名、第三名没有任何意义，因为第二名和第三名的产品没有经过市场验证，只有第一名的产品是经过市场验证的。

第二步，竞争分析。分析我们与对标对手的差距在哪里，再分析我们比他强在哪里。

第三步，竞争破局，提出一个产品或者服务的概念，如何使其比对手的

更好？

第四步，项目设计。提出概念后，如何来设计这个项目？

第五步，项目验证。要想证明自己的产品比第一名更好，就要找权威来做背书。

想宣传自己的产品较好，需要怎么证明呢？我得找些人来为我证言。假设中国有 30 家 A 股上市公司都说我好，还有至少 5 个资本方都推荐找我们做营销，就可以成为有力支撑。

再在几家核心商业杂志上宣传自家的产品。届时将这些品牌背书呈现出来进行宣传，就拥有了绝对的促使他人购买的理由。

这就是项目设计的核心，即明确优势，找到背书。

招商策划的第一步，就是通过找寻头部对标，验证可行的数据。

过去在功能饮料领域，哪个品牌最火爆？是红牛。

红牛这款功能饮料，其实一直没有什么竞争对手，在它的品类中一骑绝尘。红牛过去有一句口号："困了、累了，喝红牛。"这句深入人心的口号，不知出于何种考量，后来居然改为："你的能量超乎你的想象。"这是一个让人难以识别的购买理由，一般人不会想到所谓的能量绽放，而是想着在没有精神时喝红牛。

这时，东鹏特饮开始涉足功能饮料，口味与红牛相近，还把红牛丢掉的口号给捡了起来："累了、困了，喝东鹏特饮。"东鹏特饮把广告语改完后，业绩飙升，成功上市。这个口号就是一个明确的购买理由。头部不要的口号，可以抢过来用。

可以说，红牛的品牌升级做得很失败。无独有偶，来自成都的品牌"书亦烧仙草"，它的口号是"满满半杯，都是料"。购买它的理由是，一般的奶茶是用来喝的，而他家的奶茶是可以吃的，半杯全是料。后来它也更改了广告语，但这个新广告语没有几个人能记得住。把一个通俗易懂的广告语改成让人听不懂的，这非常糟糕。

在做招商策划数据分析时，我们一定要关注以下几类品牌。

首先，对标品牌，它做了什么，它的产品购买理由是什么？

其次，新锐品牌，在行业中涌现出的诸多新锐品牌能够成功，必然有其原因。它找到了一个新的购买理由，或找到了一个差异化的理由。

最后，失败的品牌，有人失败了，原因何在？

有很多企业家经常到我的办公室，给我提创意："老师，我有个创意是……"他讲得滔滔不绝。

我会马上问他一个问题："请问你的这个问题，你的同行有想到吗？假设他想到了，他为什么不做？是不是这个模式已经被别人验证失败了？"

对于"请问你的这个问题，你的同行有想到吗？"这个问题，其背后的逻辑是检验创意的新颖性。如果同行已经想到了类似的创意，那么就需要考虑如何在已有的基础上进行差异化创新，或者寻找其他独特的切入点。

而"假设他想到了，他为什么不做？是不是这个模式已经被别人验证失败了？"这个问题则更为深入，它引导企业家思考创意的可行性和市场接受度。有时候，一个看似完美的创意可能在实际操作中遇到各种预料之外的问题，导致最终无法成功实施。因此，了解是否有其他企业尝试过类似模式并失败，可以帮助企业家更好地预测和规避潜在风险。

第二节

竞争分析：找到竞争优势

产品在战略中扮演重要角色，如何实现市场突围？

一个项目的关键资源包括战略、品牌、营销。相对而言，管理、财税、股权、沟通等都是辅助资源。产品，作为战略实施的重要载体，其地位不言而喻。市场突围往往始于产品创新和差异化。因此，产品在战略中扮演着重要的角色，市场突围也必然聚焦于产品。

接下来，我们将通过研究产品优势、服务优势和策略优势，进行竞争分析，如图 4-1 所示。

图 4-1　竞争分析角度

1. 产品优势

我们要从用户的角度去研究对标，而不是仅从内部管理的角度出发。在产品优势、服务优势以及策略优势这三点中，产品优势是最有价值的。

以利润为例，某服装品牌"白小 T"近期在网络销售中表现火爆，因为它给了人们一个无法拒绝购买的理由。它发现了一个痛点，所有服装厂家都致力于如何把衣服做得更好看、款式更丰富，导致 SKU（Stock Keeping Unit，库存量单位）数量激增，但是这些服装厂家最终都未盈利。

从市场竞争的角度来看，随着服装市场的日益饱和，消费者面临着越来越多的选择。消费者在购买服装时，更注重的是品质、舒适度和性价比。因此，仅仅依靠增加 SKU 并不能保证销售的增长。

从供应链管理的角度来看，过多的 SKU 会给厂家带来沉重的库存压力。大量的库存不仅占用了大量资金，还增加了仓储、管理和物流等成本。同时，库存管理不善还可能导致产品积压、过期和贬值等问题，进一步加剧厂家的盈利困境。

SKU 编码通常用来区别商品的不同属性、规格、颜色、尺寸等信息。店铺的 SKU 过多或过少都会对店铺经营产生影响，以下是一些可能的影响和解决方法。

（1）店铺 SKU 过多的影响及解决方法

①增加库存成本：SKU 过多会导致库存量增加，进而提高进货成本和库存管理成本。

②增加运营难度：SKU 过多会增加店铺的运营成本和难度，需要投入更多的人力和时间来管理和维护。

③降低销售转化率：SKU 过多会让消费者的选择更加困难，降低销售转化率。

解决方法：店铺可以通过筛选掉一些不必要的 SKU，集中精力经营核心 SKU，同时可以考虑通过打包销售、捆绑销售等方式来减少 SKU 数量。

（2）店铺 SKU 过少的影响及解决方法

①销售机会减少：SKU 过少会让消费者的选择范围变小，错失销售机会。

②竞争力下降：SKU 过少会让店铺在市场上的竞争力下降，难以与其他店铺竞争。

解决方法：店铺可以通过扩大产品线、增加新品、引入不同规格和颜色等方式来增加 SKU 数量，同时可以通过数据分析等手段来了解消费者需求，精准推出符合市场需求的 SKU。

与其他公司从款式上研究不同，白小 T 永远只有一款，只有白色和黑色两种颜色，SKU 极简。

白小 T 公司敏锐地发现了穿白衣服容易沾污的痛点，特别是在食用麻辣烫等容易溅出汤汁的食物时，这一问题尤为突出。这种沾污不仅影响了衣物的美观度，也给消费者带来了清洗上的不便。针对这一痛点，白小 T 公司进行了深入研究和创新，开发出了具有防污功能的白色 T 恤。

白小 T 的防污 T 恤采用了先进的科技面料，通过特殊的处理工艺，使衣物表面具有排斥污渍的特性。这种面料不仅能够有效防止汤汁、油渍等污物的附着，还易于清洗，即使沾上了污渍，也能轻松洗净，不留痕迹。

此外，白小T还注重产品的设计和品质。他们推出的白色T恤款式简约大方，适合各种场合穿着。同时，他们严格控制生产过程中的品质，确保每一件产品都符合高标准的质量要求。

白小T从材料上解决了问题，只要吃了麻辣烫弄脏了，用冷水一泼，甩一甩，就很干净。这的确是新材料，衣服也不贵，一件90元左右，但要比一般的T恤贵，一般的白T最便宜的也就30元。

白小T不算贵，也不算便宜。它比一般的白T溢价两三倍，原因是它功能很强大。白小T在产品上进行了创新，给了消费者一个购买的理由——"穿不脏的白小T"。这个购买理由非常吸引人。

白小T推出后，其他品牌容易复制吗？虽然款式容易复制，但是新材料不易复制，所以这个产品一下子就在市场领跑起来了。

国内饮料市场一直被可口可乐、百事可乐占据，多年来没有出现任何新的产品可以击败它们。像民族品牌汇源果汁，也被打得惨不忍睹。但是现在，真正有机会超过百事可乐和可口可乐的中国品牌是元气森林。

元气森林作为中国的新兴饮料品牌，展现出了强劲的发展势头。元气森林以其独特的产品定位、创新的口味和包装设计，以及健康理念，赢得了消费者的广泛喜爱。特别是在年轻消费群体中，元气森林拥有很高的知名度和美誉度。

元气森林的整个产品系列之所以能够崛起，是解决了消费者的一个痛点。

所有饮料都是为了解决好喝的痛点，碳酸饮料好喝，奶茶也好喝。但是解决不了喝这些甜饮料一定会长肉的痛点。天天脑力劳动，就想喝甜的东西来刺激一下，结果喝其他饮料就长肉，只能喝元气森林，它有一个口号——"零碳、零脂、零卡"，消费者一听就有了购买的理由。

这就是产品的创新，产品找到了竞争优势。你是甜的，我也是甜的，但我是喝了不长肉的，这个理由够充分吧！如果不解决长肉的问题，只解决好喝的问题，其他所有的品牌都难以突破，也无法解决市场问题。就像汇源果汁，它是纯果汁，产品的造价极高，价格也贵，但它也只是解决了好喝的问题，而没有解决长肉的问题，这个点没有打透。

2. 服务优势

如果产品不够出众和有区分度，那么可以用服务打造特色。比如，最有代表性的案例——海底捞。

海底捞的产品一开始并没有特别突出的优势，如果你去四川吃火锅，好吃的火锅太多了。但是，海底捞当年能"出圈"，靠的是它的服务。

①点完的菜可以退。其他火锅店是不可以退的，而海底捞最早出圈是因为可以退，这个购买理由够厉害吧！

②可以点半份。以前其他火锅店没有半份的概念，半份是被海底捞给带起来的。一个人去吃饭，吃不完一份，可以点半份。

当时，因为这两个点，海底捞与其他火锅店完全区分开来。其实，这两点也是很大的痛点，海底捞走了一个差异化路线，马上就火了起来。建立了服务品牌，后面又衍生出了各种各样的服务。

然而，服务无法弥补产品的不足。服务再好，如果产品不行，也做不起来。这就是如今很多火锅店的现状，虽然有些火锅店的服务与海底捞相似，甚至更好，但依然无法"出圈"。因为靠服务"出圈"本身就是很难的事情，而且只能带来阶段性的增长。服务最容易被别人复制和模仿。产品容易做成品牌，服务很难做成品牌，服务的成本是无上限的，靠服务来建立壁垒的可能性很低。

当然，我们也要思考这样一个问题，现在有很多创业者资金紧张，直接在产品上投资并非明智之举。因此，他们马上提出通过提供新的服务来提升业绩，等手头有了资金就加快产品的革新。如果产品不革新，企业将永远没有核心竞争力。

3. 策略优势

如果产品不行，服务也不行，难道就只能坐以待毙吗？还有一个点：策略。那么，采用什么方法呢？有的人可能会说——降价。这是很多企业市场竞争中最后的手段，当产品同质化严重，服务又没有特别大的优势时，客户只会比较价格。

同行之间打价格战，你降价，我也降价，最后的结局是两败俱伤，都没有活路。今天你的品牌卖得很好，是因为促销。但当你恢复原价时，还能卖得动吗？如果你恢复原价卖不动了，就代表你的品牌变成了一个促销品牌，那就很危险。看看数据，利润率是不是逐年下滑？利润率逐年下滑，还怎么生存？

发布新产品是为了提升利润率，但是如果没有新产品，只能提供服务和降低价格，只会降低利润率。利润降到最后，就是不赚钱赔吆喝，这样不会增强你的竞争力。短期内的降价，只是为了获得现金来反哺产品。如果短期促销赚来的钱没有用于反哺产品，而是继续打价格战，最后必死无疑。理解了这个逻辑过后，我希望大家把更多的精力放在产品上，一定要先思考，客户为什么要买我们的产品？

下面，我给你一些启发，帮你找到产品的策略优势。

你的产品永远满足不了所有人的需求。要满足所有人的需求，本身就是一个很大的伪命题。如果你试图满足所有人的需求，就要把所有的差异化找出来，这是无解的。

所以，找到产品策略优势的方法是什么？聚焦和细分。聚焦某个人群，细分某个行业。面向 C 端的一定要聚焦某个人群；面向 B 端的一定要细分某个行业。人群越窄，共性的需求就越明显，你为这个消费群体找到购买理由就会越容易。

"鱼和熊掌不可兼得"的道理我们都懂，两个都想要，结果可能两个都得不到，只要其中一个，机会就大了。富人的生意有人做了，还要分男富豪、女富豪，富豪当中也有细分。所以，你要仔细区分，到底什么顾客群体才是你想要的，聚焦才容易形成一个标准的口号。

客户群体大，并不代表有钱赚，所以要聚焦和细分，才容易找到新的购买理由。即使不改变产品，只改变口号和定位，你也可能会有机会。越细分的群体需求越明确，而且会更有共性，也就越容易形成产品和服务的标准化。

第三节

竞争破局：先破产品，再破模式，后破策略

如何从同类企业中脱颖而出？

如何找到产品优势、服务优势、价格优势？这就需要竞争破局。通常的做法：先破产品，再破模式，后破策略。

就产品而言，可以从材质、工艺、功能上入手破解。假设产品不行，可以通过服务弥补，服务包括理念、环境、流程、团队、成果，这些都是服务破局的切入口。如果服务不行，可以通过策略来弥补，包括降价、兜底、激励（促销策略）。

竞争破局策略，如图 4-2 所示。策略破局有三个核心点：降价、兜底、激励。

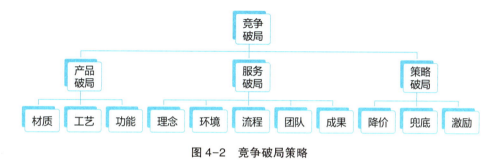

图 4-2 竞争破局策略

我一般不赞同新品发布时就使用策略破局，能不用就不用，因为一旦使

用，产品的生命周期肯定会缩短。所以，要尽可能在产品上寻求突破。

假设你公司的产品非常新颖，以前没有类似的产品，也没有人使用过。消费者在面对这样的新产品时，可能因为担心风险而不敢去用。那么，在这种情况下，如何打破市场推广的困境呢？

1. 兜底策略

可以让消费者先试用产品，如果试用以后没有效果，可以退款。这是降低用户决策成本的关键。

2. 降价策略

采取降价策略。最常规的盈利方式就是高性价比盈利方式。如果你的企业是靠产品的性价比取胜的，那么你的目标就是不断地降低成本。在改革开放初期，大部分企业都采用这种盈利方式。因为同样的产品比价格，同样的价格比质量，无论你是开工厂还是做贸易、搞批发还是开门店，只要你是通过卖货赚钱，只有一条路可走，那就是不断提高品质，降低成本和价格。

美国零售巨头沃尔玛采用高性价比盈利方式。沃尔玛以天天低价著称，当年他的店开到哪里，哪里的店铺就倒闭，为什么呢？因为你卖20美元的东西，他卖8美元。沃尔玛致力于追求将相同的产品卖出低价。很多人认为打价格战、卖得便宜是没水平的表现，其实不然，沃尔玛正是凭借这种盈利方式横扫商超业。

"日本首富"柳井正，一手创办优衣库，卖全世界最便宜的衣服。便宜到什么程度？便宜到你不好意思让别人知道你穿的是从优衣库买的衣服。优衣库的做法很聪明，它把产品的商标全去掉。但是他家的衣服品质很好，做工很好，款式也不错，价格却很低。

国产品牌格兰仕，号称"价格屠夫"。它生产的微波炉价格一度持续下降，直到把所有对手都淘汰为止，因此目前全世界50%的微波炉都是格兰仕生产的。

3. 激励策略

促销也好，买一送一也罢，只要给用户一些额外的激励，就属于激励策略。

在策略破局的核心点中，谁对公司品牌的伤害最大？

兜底策略不会有伤害性，它其实在某些程度上还能体现你对产品的自信。比如："找我们做营销，不出效果，不要钱！"因为客户的决策成本是最高的，尽可能地降低他的决策成本，使用率就会提高。

降价策略的影响很大。用户会以购买你产品的最低价来锚定心智，一旦降价，以后再想提高价格就不容易了。特别是这几年，有好多人找网红、大主播带货，结果产品成为全网最低价。但是你会发现，用户会等到最低的时候才购买。全网最低价对产品的线上和线下销售都是极大的伤害。

在维护产品价格体系方面，有一个公司做得很不错。

"小仙炖"品牌的线上、线下价格完全一致。它也找网红举办专场活动，但在活动过程中没有降价，而是改为送赠品。赠品可以调整，主体产品的价格不变。今天可以送6罐、7罐，明天也可以送其他礼品，礼品可以随便改，但是正品价格不要改。

在价格体系中，用激励策略来弥补是上上策，激励策略的影响是一时的，不是长久的。为了维持价格体系的稳定，宁愿促销送赠品，也不要降价或打折。

那么，打五折和买一送一哪个更值得倡导？

如果打五折，会对产品未来的销售产生伤害，但买一送一对产品未来的销售没有伤害，只是促销阶段的一种策略。

产品破局、服务破局、策略破局，这三者有哪些特点？

产品的生命周期一般为3~5年，拥有一款好的产品，就可以永久赚钱，这是不可能的，一定要持续推出新品。一个企业不创新却能够长久活下来，这个逻辑是不成立的。

服务的生命周期是1~2年，特别是互联网普及后，服务的优势会越来越低。

策略的生命周期更短，一旦降价，半年内会有优势，但半年后，你会陷入行业的内卷，那样就更难了。

第四节

项目设计：营销模式破局

找不到竞争优势，应该如何破局？

企业一旦找到竞争优势，就开始进入营销模式破局。营销模式破局，包括产品破局、服务破局。假设我的产品很有优势，请问我需不需要给别人做太多的赋能体系，或者给别人分更多的钱？不需要。我的产品好，我给经销商、代理商分的钱就少，没有对标产品，价格的话语权在我这。

但是，假设产品没有优势，我有的产品，其他同行也有，那我就要开始拼了。怎么拼？有以下两种途径。

1. 拼产品

在产品同质化严重的情况下，投入研发是非常重要的。企业的优势归根结底由产品来决定。没有优势，就去开发优势。

2. 拼服务

这里提到的服务即育商体系。一个品牌方要想扶持合作伙伴，就需要做好产品、营销、管理、品牌、系统的标准化。在为合作伙伴赋能时，要用高维打击低维。所以赋能模型必须参考同行，且要比同行高一个维度，这样客户选择我的概率才会更大。

从事农业的 A 总，他的赋能模型就是把货代理给别人，放到别人的门店去卖，这顶多是产品赋能，而非营销赋能。

A 总目前采用的农业产品赋能模型，即将货物代理给其他人并在其门店销售，确实主要聚焦于产品本身，但相对缺乏对营销环节的赋能。这种模式确保了产品的流通和覆盖，可能忽视了品牌传播、市场推广和消费者互动等营销方面的关键要素。

这时，B 总作为运营商表示："我不仅给你供货，还会为你的公司提供系统的培训，并提供全套销售话术，教会你们如何介绍产品。"

B 总不仅解决了产品流通的问题，还深入营销的核心环节，为代理门店提供了全方位的赋能。具体来说，系统的培训可以帮助代理门店的员工更好地了解产品特性、市场定位和目标客户群体，提升他们的专业知识和销售技能。全套销售话术则提供了一个标准化的沟通工具，使得代理门店在与消费者交流时能够更加流畅、有效地传达产品信息和价值。

此外，通过提供这些培训和话术，二者还建立了一种紧密的合作关系，增强了信任和依赖。这种合作模式不仅有利于当前的业务开展，还为未来的长期合作奠定了坚实的基础。

请问谁的维度更高？B 总的维度更高。

C 总也是做农业的，他也表示："我不仅把产品搬到你公司去卖，还会教你如何销售，并派人去你公司帮你卖。"这是驻点模型。

这时，请问你会更信任 A 总、B 总还是 C 总？当然是 C 总。

在考虑谁更值得信赖时，我们需要综合考虑多个因素，包括支持程度、合作的紧密性、实际执行的效果等。而 C 总的驻点模型确实提供了一种更为深入和全面的支持方式。

C 总不仅提供产品，还负责培训销售团队并派人到对方公司协助销售。这种模式的优势在于，它直接涉及销售的实际执行过程，通过驻点人员的现场指导和协助，能够更直接地解决销售过程中遇到的问题，提高销售效率。通过派人驻点，C 总展示了对合作关系的重视和承诺，愿意投入更多资源来确保销售的成功。这种诚意和投入往往会增强合作伙伴的信任感。

遇到更有力的竞争对手，B 总自然不甘示弱，再次表示："我为你打造电商模型，帮你把一切商品搬到线上，然后通过线上直播带货，把货全部卖掉。"

通过电商模型，B 总能够帮助合作伙伴将商品迅速、便捷地搬到线上，从而扩大产品的受众范围和市场覆盖。同时，通过直播的形式，能够实时展示产品的特点和优势，与消费者进行互动和交流，解答他们的疑问，增强消费者的购买信心和购买意愿。同时，直播带货还能够营造一种热烈的销售氛围，激发消费者的购买热情，进一步提升销售效果。也就是说，可以兜底把你的货全部卖掉，请问你会选择与谁合作？肯定会选 B 总。其实品牌方不仅要比拼产品，还要比拼对合作伙伴的赋能模型。谁维度更高，与代理商合作的概率也就更高。

营销层面的赋能比拼结束后，还要比拼管理方面的赋能。谁的维度更高？下面一见分晓。

A 总又表示："我是做农产品的，我只负责帮你上货，然后给你发几则规章制度。"

B 总则表示："我能帮你制定薪酬晋升通道、绩效考核的文件。"

C 总又表示："我不仅把制度给你，还为你打造商学院，负责提升员工的能力。"

根据三者的表述，可以判断、代理商会选 C 总。在经销体系中，客户一定会关注品牌方对自己的赋能维度到底是高于同行还是低于同行。假设我在每个层级都比你高一个维度，客户就无法拒绝与我合作。

第五节

收钱策略：招商环节的设计（1）

在招商设计环节，可以收取哪些费用？为什么别人愿意把钱交给我们？

招商的核心是讲述产品和服务的优势，最后告诉客户，合作需要支付多少钱，以及将教他们如何把钱赚回来。至此，招商方案已经成型。

关于产品的优势，我们需要清晰地阐述产品的特点、功能、品质以及市场竞争力等方面，让客户认识到与我们合作能够带来的实际利益和价值。在招商设计环节，我们需要考虑可以收取的费用类型。

客户愿意支付费用主要取决于我们所能提供的价值和回报。客户愿意与我们合作，是因为他们相信通过我们的产品和服务能够获得更大的利润和发展空间。

所以，招商的核心在于策划。

招商合作策略可以收取三种费用，如图 4-3 所示。

图 4-3　招商合作策略

与合作伙伴合作时，只能收这三种费用。那么，这三种费用之间的逻辑关系是怎样的呢？

1. 加盟费

对品牌方最有利的是收取加盟费，这是公司的净利润，收取后等于直接赚取了利润。但品牌方也需要认识到，高昂的加盟费可能会让一些合作伙伴望而却步，从而导致品牌错过一些具有潜力的合作伙伴。

要想成功收取加盟费，品牌方一定要具备两个特点：品牌自带流量，品牌不带流量，是无法收取加盟费的；产品极具竞争力，只有你有，别人没有，才能顺利收取加盟费。

世界上有很多名牌，像迪奥、香奈儿、爱马仕，这些品牌入驻到我国的很多商超时，不是花钱进去的。相反，是很多商超邀请它们入驻，不仅要向这些品牌方支付费用，还要负责装修，让品牌顺利进场。另外，要保证它们每个月的销售额。如果未达到约定标准，商超还要给它们补齐差额。

为什么要引进这些商家？因为这些商家能够带来流量，从而带动整个商场的运营。如深圳万象天地、万象城就引进了这三家品牌方。你会发现，品牌开到哪里，哪里的人流量就大。

如果你的品牌没有流量，产品也没有竞争力，就不要考虑收取加盟费了。

瑞幸咖啡扩展了收取加盟费，库迪咖啡则不收取加盟费。所以，库迪咖啡半年之内已经开了近1000家门店，发展速度令人瞠目结舌。库迪咖啡选择不收取加盟费这一决策大大降低了创业者的经济压力，吸引了更多的潜在加盟商。同时，库迪咖啡可能在选址、供应链管理、品牌推广等方面也做出了有效的努力，从而实现了快速扩张。

相比之下，瑞幸咖啡扩展收取加盟费，这一策略虽然在一定程度上限制了加盟商的数量，但瑞幸咖啡通过其他方式实现了自身的稳步发展。例如，瑞幸咖啡可能更注重提升品牌形象、优化产品口感、加强客户服务等，从而吸引了忠实的消费者群体。

库迪咖啡零加盟费，也就代表着创业者进入的门槛为零，所以它的速度快，但问题是库迪咖啡靠什么赚钱？它把所有该收取而没收取的加盟费，全部纳入设备费中。假设原本的设备费是3万元，它提升到4万元。还有"五爷拌面"，它也不收加盟费，但是全纳入装修费和设备费中了，照样把成本赚回来了。

用户的决策成本就是加盟费。加盟费高，就把人给挡住了。如果把加盟费给化解掉，用别的环节相抵消，这是可以的。永远要记得一点，加盟成功的关键，是减少用户的决策成本。

2. 入货款

随着加盟费的收取难度增加，许多企业开始转向新的收钱方式——入货款。入货款要求加盟商在进货时支付一定的款项，这不仅确保了加盟商的经营投入和忠诚度，也为品牌方提供了一定的资金流支持。对于加盟商来说，入货款意味着更灵活的资金运用和更低的初期投入。

我们要先推演一下这些方法的前世今生，你才知道哪些该干，哪些不该干。一定不要去走回头路。入货款，以消费品为主的很多行业很早就开始使用。还有服装行业、陶瓷行业，以及卫浴和建材行业都在用这些方法。以前收取加盟费，现在不收了，进一定数量的货，就能成为我的合作伙伴，拿货越多，折扣越低。

比如以入货款作为加盟条件，进货100万元可以享受三折入货；进货200万元可以享受二五折入货；进货500万元则可以享受两折入货。从本质上来讲，它比加盟费更具优势，因为花钱购买的是实实在在的货。但是，这种模式也存在一个问题：如果货物卖不出怎么办？

为了拿到更低折扣的货，很多加盟商大量拿货，却卖不出去，导致库存积压，这使得很多商家不愿意与品牌方继续合作。这种模式发展到一定阶段后，很多品牌方开始采取回购行为，即卖不完可以退货。

以服装行业为典型代表，这种回购策略在当年差点让很多服装企业倒闭，因为服装行业的退货率高达 50%～70%。而且服装还有一个特点——会过季，服装行业产品的更新周期是按月计算的。过了一个月，就过时了，过时就卖不出去了。所以好多服装厂家压根不知道哪款会畅销，只能同时推出多款产品，能火几款就赚几款的钱。

入货款这种收钱模式要想利用好，就必须限制退货率。

例如，只保证回购订单的 10%～20%。

品牌方不能让合作伙伴纯粹为了获得低折扣而大量进货，然后将货物低价甩卖，这样是撑不住的。

任何模式没有最优和最劣之分，只有最适合你选择的方案。

3. 保证金

当下，又出现了一种新的收钱模型——保证金。你不用考虑入货款，也不用支付加盟费，只要交个保证金就可以开始加盟合作。交保证金的主要目的是确保加盟商在合作过程中诚信守信并履行约定。通过交纳一定金额的保证金，加盟商向品牌方展示了其合作意愿和决心，同时也为品牌方提供了一定的风险保障。

对于加盟商而言，采用保证金模型意味着他们在初期可能不需要承担过重的经济压力。相较于高额的加盟费或入货款，保证金通常是一个相对较低且可接受的金额。这使得更多的潜在加盟商有机会参与合作，扩大了品牌的市场覆盖面。

交保证金意味着在合作期间，只要加盟商不违反合作的契约，合作结束后，品牌方可以全额退还保证金，加盟商没有任何损失。因此，用户通常能够接受保证金。

收取保证金，一是为了回笼现金流，二是为了制定游戏红线。只要加盟商违规，就会受到严厉惩罚。先讲明规则，加盟商犯错的概率就会降低。

先谈规则，再谈人情。假设先谈人情，再谈规则，就很难谈。到底应该采用哪种收钱方法，要参照行业属性。只要产品有竞争力，公司品牌有流量，已经形成了公司品牌，那么收取加盟费是没有问题的。但如果是新推出的品牌，没有品牌势能和影响力，就不要想着赚取加盟费了。因为你没有在品牌上投入过资金，想靠品牌赚加盟费这个逻辑是不成立的。往哪里投资，就从哪里赚钱。如果投资在产品上，就赚取产品差价；如果投资在品牌上，就靠品牌赚钱。世界的规则非常合理，不能逾越规则。

如果一开始品牌势能不强，可以先从保证金开始。如果产品以经销货品为主，就考虑入货款的方式。等公司品牌势能强起来后，再收取加盟费也没问题。前期先发展，后期要规范。做加盟不是一步到位的，而是逐步调整和完善的。

常规的做法是，在开始时要找精英渠道商，而不是新入行的人。找合作伙伴时，一定要把提升势能放在第一位。谁能给你带来势能呢？一群没有人脉资源的新手为你摇旗呐喊，能带来势能吗？不能。要直接找到竞争对手的头部商家，撬势能最大的。

起势的逻辑就是找到竞争对手的前三名经销商。针对这前三名经销商，不收加盟费，不收入货款，不收保证金，什么都不收，只要你能与我合作，你想要什么优惠，我都给你，甚至不赚你一分钱。

起势过后，接下来是运势。此时，利用已经积累的品牌势能和市场影响力，向竞争对手的经销体系出手，此时把重点放在排名第四到第二十的品牌，是一个明智的战略选择。

对于一个新品牌而言，要先争取对手经销体系中前三名的品牌，第四名至第二十名才会顺势跟随你。

因为排名靠后的品牌更倾向于看到成功合作案例时，再开展合作。具体来说，如果新品牌能够宣称前三名的企业都已经与其建立了合作关系，并交纳了保证金，这无疑会极大增强新品牌的信誉和吸引力。这样不仅证明了新品牌的价值和实力，还向潜在合作伙伴传递了一个明确的信息：与这个品牌合作是可靠和有保障的。这种信任背书效应在商业合作中尤为重要，因为它能够降低潜在合作伙伴的风险感知，提高他们与新品牌合作的意愿。

有这些人给你做基本盘，才能找行业中的小白。我说的小白，不是完全不懂的，而是那些能出业绩，也能出渠道的人。

小白合作的态度取决于有多少厉害的人与你合作。

一开始一定要聚焦在一个区域做招商加盟，不要一开始就想一口吃个胖子。

在营销学中，还有一个很重要的逻辑，你走在路上，发现有一对男女在街上打架，你会不会把这个事情跟你的家人说？不会。你走在自家小区里，发现有一对男女在打架，你会不会跟家人说？可能也不会。你家楼上的人在打架，你会不会跟你的家人说？会，因为离你越近的事情，你越关注。

假设我一开始把力量分散在全国各地，成本一定很高，不好复制，也不好借鉴。但是假如我缩小在一片区域，先把它打深、打透，把一个区域市场给拿下，就会好很多。

打通收钱的逻辑以后，我们接下来就该转到分钱的逻辑了。拉来加盟商以后还要想办法留注他们。

第六节

分钱策略：招商环节的设计（2）

任何商业合作的基石都是利益的分配，该如何分钱呢？

商业环境发展多年，我发现有两类人一直没变，一类是厂家，另一类是顾客，只有中间商发生了巨大的变化。厂家作为生产方，其核心职责始终是制造和提供产品。顾客始终关注产品的性价比、品质和售后服务等因素，并根据自己的需求和预算做出购买决策。然而，中间商这一角色随着电子商务的兴起和物流体系的完善逐渐受到冲击。越来越多的厂家选择通过直销或电商平台直接与顾客进行交易，降低了对中间商的依赖。同时，一些新型的中间商模式也应运而生，如社交电商、内容电商等，它们通过提供更加个性化和精准的服务，赢得了顾客的青睐。中间商的结构直接决定了商业的形态，过去渠道在谁手上，谁就是商业的王者；到了互联网时代，用户在谁手上，谁就成为王者。从传统的商业到连锁模式，再到电商、微信电商，现在又有了兴趣电商，通过抖音、快手等短视频平台进行销售。

中间流通环节的变化导致了利益分配的本质变化，从而造就了截然不同的商业模式。比如，在传统商业中，厂家把货发给省级代理商，省级代理商再卖到地区代理商，再由地区代理商卖给县级经销商，县级经销商再卖到门店，最后再由门店卖给顾客。这样层层加价，利益被这一群人瓜分了。

由于中间环节太多，中间利润太高，商家又创造出了一种连锁模式。成立一家连锁总部，不断开店，把工厂生产的货直接卖给顾客，这样就砍掉了中间环节的一大块利润。

后来，电子商务出现了。厂家直接把货搬到线上或者直播间，由厂家卖给消费者。原来经过层层代理商、经销商到门店的结构，如今变成了厂家直接面对顾客，去中介化。这两年刚刚兴起的兴趣电商，通过抖音、快手等短视频平台直播带货，也是直接对接厂家，由一些网红或者明星在直播间卖货。任何行业只要改变了交易结构，重新调整原有的利益分配，商业模式就截然不同了，这就是创新。

确定收入分配方式的基本原则如下。

第一，风险承担原则。如果投入的资源比较关键，而且企业承担了经营风险，那么适合采用分成或者剩余收益分配的方式。

在早期石油开采中，资源国政府保留了资源所有权，油田开发商提供投资和作业服务，采用产量分成模式。即油田开发商回收成本后，可以获得一定比例的石油，从出售石油中获利，这个收益会随着国际油价市场的波动而变化。油价高的时候，暴利；油价低的时候，微利。

第二，贡献固定原则。如果提供的资源对价值创造的贡献是固定的，那么适合采用固定收益分配的方式。反之，如果提供的资源对产出的影响是有变化的，那么适合采用分成或者剩余收益分配的方式。

接上面案例，由于油价持续十几年攀升，资源国政府改变了石油开发模式和收益分配规则。从产量分成模式转向服务模式，也就是说不再让油田开发商参与产量分成。油田开发商只能收取开采服务费，通常是按照固定的每桶油报酬乘以产量来计算。在这种情况下，油田开采公司无法从油价上涨中获利，当然，也不承担油价下降的风险。

中石油曾经和英国BP石油公司联合赢得了伊拉克鲁迈拉油田20年的开采服务合同。这个油田是伊拉克探明储量最大的油田。协议规定，鲁迈拉油田的基础产量为每天产出106万桶，实际产量超过基础产量后，中石油和BP联合体才能得到每桶两美元的服务报酬。

第三，监督效率原则。如果你的积极性、责任心和行为过程难以有效度量和监督，则适合采用分成或者剩余收益分配的方式。

长期以来，出租车行业中出租车公司和司机的分配方式都是公司拿固定部分，司机拿剩余部分。这是因为出租车司机的行为过程很难有效监督，同时，出租车公司提供的牌照、车辆等资产和资质是固定贡献，收益多少和司机的付出关系更大。

现在，不少工业产品设计公司开始采用收益分成模式，也就是与委托方企业分成设计产品的经营收入。创新越来越重要，人才对企业产品创新和经营效果的影响越来越大。为了吸引和留住员工，并且激励员工的积极性，越来越多的企业采取事业合伙人、虚拟股权、分成等方式，让骨干人员参与收入分配。

现实中，可能会综合上述几项因素来确定采用固定、分成还是剩余收益分配方式，还可以根据设定条件组合使用三种分配方式。比如保底加分成，其中分成比例也可以调整。

近年来，便利店 7-11 采用业务转换加盟模式，"收编"了很多社区夫妻店。为什么社区夫妻店愿意接受 7-11 的加盟模式呢？因为 7-11 拥有高效的供应链体系、后台管理系统、品牌规模、采购谈判优势，可以给这些社区夫妻店精准增加品类，降低物流采购成本并增加客流。

社区店和 7-11 对收益增长都做出了贡献，并且都承担了风险，所以二者采用了收益分成模式，将毛利润的 57% 分给 24 小时营业的社区店，剩余归 7-11。加盟 5 年后，根据社区店的经营情况，还可以增加 1%～3% 的毛利润分成。如果毛利润在开始几年未达到预期水平，7-11 会给社区店一个最低限度的毛利率，从而保证社区店的基本年收益。

任何商业合作的基石，都是利益的合理分成。招商品牌方与合作伙伴需要学会分以下四种钱，如图 4-4 所示。

图 4-4　分钱策略

1. 产品折扣收益

进货越多，折扣越大。鼓励代理商增加进货量，从而提高产品的销售量和市场份额。这对于品牌方来说，有助于快速扩大销售规模，提升品牌影响力。而对于代理商来说，虽然进货成本相对较高，但通过较高的折扣获得的利润也更为丰厚，从而激发了他们的积极性。

传统的经销模式，有省代、市代、县代、代理等层级，省代三折、市代四折、县代五折……代理级别越高,折扣也就越大,如图 4-5 所示。

图 4-5　代理折扣策略

但是,在如今的扁平化营销网络中,按分销逻辑来讲,拿货越多,折扣越大,而非依据代理级别。这种扁平化分销模式更加注重效率和灵活性,也带来了诸多优势。首先,它降低了市场准入门槛,使更多的中小型经销商能够参与进来,从而扩大了品牌的市场覆盖面。其次,它减少了中间环节,加快了信息传递和产品流通的速度,提高了整个分销体系的效率。最后,由于折扣与拿货量直接相关,从而激励了经销商更加积极地推广和销售产品,以获得更高的利润。

2. 开发奖励收益

以前的代理商通过赚取产品差价盈利。代理商通过购买产品并以更高的价格销售给下游客户,从中赚取差价。产品流通的速度和规模直接关系到代理商的盈利能力和整个营销模式的成败。商业的根本是产品流通。产品不流通,营销模式也就不能成立。

越是花里胡哨的商业模式,其产品越是存在问题。商业的本质是把产品讲清楚,把货卖出去。回归原点,代理商的任务是卖货,而卖货的关键在于赚取差价,只有差价赚取成功,整套招商模型和渠道模型才能成立。

但是,代理商只能赚取差价吗?代理商的逻辑是,他们希望获得更多的收益,因此品牌方需要为其提供更多的赚钱渠道。代理商除了能赚差价,还能通过分发渠道商获得收益。他们可以利用自身的资源和经验,积极寻找并吸引更多的下级代理商加入，从而形成一个庞大的销售网络。在这个过程中，代理商不仅可以从下级代理商的销售中获得一定的提成或佣金，还可以通过提供培训、支持和管理等服务来增强与下级代理商的合作关系，进一步巩固自己的市场地位。

而品牌方成功的核心在于拥有多少代理商，以及代理商下面还有多少个渠道商和子公司可以拉动业绩。这些合作伙伴共同构成了品牌方的销售网络，是推动业绩提升的关键因素。

品牌方开发了代理商，代理商可以转介绍，这是一种招商复制的逻辑。

"黄飞鸿"三年开6000家店，据说其中70%都是转介绍实现的。以前的转介绍，如推荐三姑六婆去开个店，属于个人行为，现在你要把转介绍发展成一种生意模式，让代理商通过推荐渠道商来赚取开发奖励收益。

品牌方招商部讲一百句，不如合作伙伴转介绍讲一句："我赚钱了，你也加入吧！"代理商的朋友可能会问："最近有什么赚钱的机会？"

代理商说："我做了个项目赚了不少钱。"

朋友继续追问："这个项目怎么做？"

代理商说："品牌方下个月召开招商大会，我带你去听听课，了解一下怎么赚钱。反正我是赚过钱的。"

只要有这一番对话，把人拉进招商会场，听了招商演讲并最终成交，那么介绍人就能获得开发渠道的收益。

这种招商模式一旦运作起来，招商速度将会迅速提升。

这种模式具体该怎么分钱？只要合作伙伴将人带到会场，最终客户与品牌方签约合作产生的所有费用，其中5%将与合作伙伴的公司机构挂钩。这意味着合作伙伴不仅能够通过引入潜在客户获得直接收益，还能够随着客户与品牌方合作关系的深入发展，持续获得相应的回报。

这种分钱机制的好处在于，它鼓励合作伙伴积极寻找并引入潜在客户，因为他们的努力将直接转化为经济收益。同时，这也有助于建立品牌方与合作伙伴之间的信任与合作关系，因为双方都能够从这种合作中获益。

然而，需要注意的是，分钱机制的设计必须公平、透明，并符合相关法律法规的要求。品牌方应该与合作伙伴明确分钱机制的具体细节和规则，避免出现纠纷或误解。此外，品牌方还应该建立完善的财务管理和审计制度，确保分钱机制的公正性和准确性。

我有一个代理商，她是某个机构的渠道商，听到"跟我签约合作以后产生的所有钱，5%与她的公司机构挂钩"的机制后，她马上将其渗透到她的渠道中，跟她周边的朋友推荐："我最近做了一款产品，非常赚钱，只用了两个月就赚了将近50万元。我估计今年可以赚到300万~500万元。"

她的朋友听后纷纷表示："产品真有那么好吗？"

"这样吧，"她说，"正好有个招商会，你们跟我一起去听吧。"

她通过发微博、朋友圈的方式，向朋友们展示与我们合作的赚钱经历。她的朋友被吸引到招商会的现场。

有些人的水平比她还高，一年合作额度能有两三百万元。她介绍的这十几个人，一年共创造将近5000万元的业绩，按比例，她分走了其中的250万元。

这个代理商逢人便说我们的产品好。她这样做的目的是要把人带进招商会。后来，她的工作重心从做业绩转向了推广项目，吸引了好多渠道商加盟。

后来还发生了一些事情，在合作过程中，她介绍的渠道商与我们产生了一些小摩擦，毕竟是从不同体系撬过来的，她还跑去帮我们维护渠道。所以，这一机制启动后，我不仅多了一个招商部经理，还多了一个免费的客户服务部经理。

那一年，我们把各大体系的渠道商都收编了。而且不是我去找他们，是他们帮我把很多渠道撬了过来。帮我卖货的渠道多了，我的业绩自然也就上去了。

当年这一机制对招商工作起到了非常关键的作用。接下来介绍它的标准操作方法。

过去，我帮助很多企业导入这一机制，但后来发现了一个很大的问题，就是转介绍有了收益后，很多人就不自己卖货了，只靠介绍别人来赚钱。结果就是自己不努力，靠别人来养他。这样，整个公司的招商体系就无法建立起来。

后来我们进行了调整，解决了钱怎么分的问题。转介绍的钱可以分为三类，如图4-6所示。

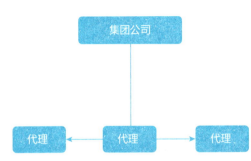

奖励制：
开发一个代理，奖励万元。

返佣制：
所推荐的代理，其业绩的5%作为推荐奖励。

混合制：
所推荐的代理，奖励X万元＋5%的业绩返佣。

约束条款：
若个体业绩无法达标，则取消返佣奖励。

图4-6　转介绍机制怎么分钱

（1）奖励制

品牌方要明白，你只需要留住加盟费的40%~60%就足够了，其他的钱一定要分出去，让它裂变，流量才是关键。加盟费永远是小钱，供应链上盈利才叫大钱，一定要舍得把小钱分出去，让别人帮你赚大钱。也就是说，加盟费的30%~40%可以作为奖励。

假设你收的不是加盟费，而是入货款或保证金，该如何分配呢？

入货款和保证金意味着这笔钱虽然已经赚了，但是还没有到手，可以反向推算一下，分配多少比较合理，给合作伙伴的钱少了，他们就没动力。奖励制的优点是会让代理商在当下很有动力，介绍、拿钱，只需两步就能完成；同时，它的弱势在于没有持续性，是一锤子买卖。

（2）返佣制

返佣制的特点是，合作伙伴的佣金直接与其销售额挂钩，品牌方可以拿出总营收的3%~5%作为返佣，可以按产品进行结算。它的好处是让代理商有持续的动力，劣势是一开始动力不足。

因为人的思考逻辑是，除非我跟你合作很久，对你知根知底，才愿意帮你转介绍。假设一个渠道商刚开始跟你合作，他自己没有出业绩，也就不会帮你转介绍。这样，招商开始阶段裂变的速度就会放慢，无法快速拉起规模。

（3）混合制

混合制的逻辑就是，只要代理商开发了新渠道，就先给他一笔钱，后续的收益再与业绩挂钩。品牌方在前期没有起势时，一定要想办法分钱，打破局面。帮你卖货的人越多，你的货才能卖得越多。企业赢在渠道，有很多人一起帮你传播，你才容易起势。例如，只要给我介绍，加盟费就返还 30% ~ 40%，之后再给总营收的 3% ~ 5%。两者结合起来，代理商就会很有动力了。

河南的那位代理商，后来就不认真做业绩了，只靠转介绍来分成。她介绍的十几个朋友，知道了我的合作机制以后，会不会以后也不自己做业绩，也靠转介绍来抽成呢？如果这样一轮一轮地传下去，"闲人"会越来越多，该怎么办？如果下一个环节的人也这么干，上一个环节就会崩溃。

后来，我把这个机制的漏洞给堵上了。我补充了一个条款，所有代理商每年都必须保底出 50 万元的业绩。如果业绩不达标，所有的转介绍费用全部取消。我要保证的是体系中的每个人都在工作，从而保证我的业绩得到增长。后来甚至还有一些渠道商业绩不够就自己补钱，这样我就可以确定，每条渠道一年至少有 50 万元的业绩，全体系的链条才能运营下去。人性本惰，所以要用机制来对抗人性。

3. 下级管理收益

下级管理收益更多用于分销体系。在我们传统的经销体系中，就体现了下级管理收益，如图 4-7 所示。

下级管理收益的逻辑和开发奖励收益的逻辑一样，都是躺赚，这对合作伙伴来说，具有很大的吸引力和诱惑力。

但是，我们今天的商业模型是否还适合继续使用下级管理收益呢？在互联网时代，省代、市代、县代这种多级代理模型已经逐渐被淘汰，有几个级

省代拿货三折，可享有全省10%收益
市代拿货四折，可享有全市10%收益
县代拿货五折，可享有全县10%收益
代理拿货六折

图 4-7   经销体系下级管理收益

别肯定要去掉，特别是省代，留下来没有任何价值。以前信息并不发达，才需要省代去干活。省代对市代的赋能是有限的。市代作为服务体系可以保留，但是县代和区代大概率可以去掉，因为现在的物流、交通非常方便，不像20世纪80年代，从一个县到另一个县开车要走3个小时，现在半个小时就到了。所以，以后的服务半径更多地依赖于代理点位的铺设，底层的代理端一定要保留，但仅限于服务业。

这也就意味着，下级管理收益在以前是成立的，但是现在将中间渠道去掉，变成一个很简易的环节，它就不成立了。市代下面是代理，代理直接接触客户。去掉其他环节，节省成本。

那么，节省下来的钱分给谁呢？

首先，品牌方自己使用一部分。节省出来的钱要用在更正确的地方，因为今天主体的营销模式是互联网模式，所以很多钱要重点投在线上，用于构建"营销中台"。它可以帮你做短视频、私域和直播，整个卖货的逻辑都要靠它。

下级管理收益并不是不存在了，而是换了一种形式存在。以前是省代、市代、县代，现在是线上营销中台。

其次，把钱给营销中台真正能支撑这套体系发展的人。让市代来帮你做好产品的服务和交付。

假设你是卖化肥、农药的，连市代都不需要了，因为你的产品交付在底层就可以搞定。同样，开美容院也没有必要做市代。假如我做软件，由于底下的人不容易学会使用，需要客户服务，我就必须找市代来提供服务。

只要产品不复杂，市代及以下部分就可以去掉。假设产品交付很复杂，就需要市代去做服务。

4. 公司分红收益

经销商可以赚取产品折扣收益、开发奖励收益、下级管理收益。把三个模型叠加起来，你的经销商就多了两个赚钱的途径，更有积极性了。如果再叠加第一次，那就出现了第四个赚钱的途径——公司分红收益。

公司分红收益的基础模型如下：只要你成为代理商，公司就会有"全球分红奖"，将营业额的5%作为全球分红奖金。假设公司今年赚了2亿元，那么全球分红奖金就是1000万元，分给达到平均线以上的代理商。

全球分红有两种分法，第一种分红是只要你出业绩，我就给你配相应的份例。比如，你卖出了5万元的产品，那么你就可以拿到5万元的分红比例。这5万元的分红不是钱，而是分数，用于折算分红比例。用你的分值除以所有人的销量，再乘以奖金池。这就代表着，只要你卖货，你就肯定会拿到全球分红的钱。

第二种分法则有所不同，只要你的业绩比50%~70%的人都好，就可以按比例把全球分红的奖金分掉。这代表所有人都在干活，所有人都在累积这个奖金池，而最后做得好的人才可以把奖金池的大部分分走。甚至会出现一种情况：你拿到的全球分红奖的钱，比你自己卖货赚的还多。

这种方法，本质上是分红激励。它分为营业额分红和利润分红。

分红收益模型如图4-8所示。

这种分红收益模式在吸引和激励代理商方面非常有效。它使得代理商能够享受到除了产品销售收益和开发奖励收益外的额外收益，从而更加积极地参与公司的销售和市场拓展活动。

"全球分红奖"的设立，体现了公司对代理商的尊重和重视，让代理商感

分红收益模型		
确认分红来源	利润分红	营业额分红
确认分配比例	利润分红10%~30%	销售分红1%~5% 折扣期约定降低比例
假设A公司成立之初有30家股东，当年销售额1亿元，销售分红比例为5%		
	均分制	贡献制	混合制
确认分配模式	按股东平均分配	按业绩权重分配	按股东平均分配*30% 按业绩权重分配*70%
确认退出模式	年限周期退出、贡献不足退出、违约责任退出		

图 4-8　分红收益模型

受到与公司共同成长的喜悦。同时，这也体现了公司对未来发展的信心和对市场潜力的认可。

第七节

众筹模式：颠覆常规的招商策略

初创企业如何寻求新的融资渠道？

　　众筹就是向大众筹集资金。作为一种新兴的融资方式，它确实为初创企业和其他项目提供了前所未有的融资机会。它打破了传统融资渠道的限制，让大众投资者可以直接参与并支持他们感兴趣的项目。

　　众筹的产生，主要是因为初创企业很难融资，或无力负担常规渠道高额的融资成本，不得不寻求新的融资渠道。在众筹融资模式下，每个投资者只需投入少量资金，并且不需要银行或承销商等中介机构，非常方便快捷。

　　比如，你开一家店，需要投资 200 万元，但是缺 60 万元资金。贷款贷不到，找朋友借款也借不到，想拉一个股东进来也没人投，这时候，你该怎么办呢？

你可以找 30 个人，每人出 2 万元，通过众筹解决资金难题。

众筹为许多面临资金困境的创业者或项目方提供了一种切实可行的解决方案。众筹允许将资金压力分散到多个投资者身上，降低了每个投资者的风险。同时，众筹也是一种市场营销手段，通过众筹，你可以提前测试市场对你项目的接受程度。

它巧妙地利用了集体智慧和力量，将个体的资金汇聚起来，为项目或创业企业注入所需资金。这个时候，如果我来帮你众筹，我会帮你把要做的这家店估值做大。比如一家拟上市公司，一年能赚 2000 万元，上市后价值放大，变成 50 倍市盈率，那么这家公司市值就是 10 亿元（2000 万元乘以 50 倍市盈率）。

别人为什么愿意花 10 亿元去买这家企业？因为他们看到了企业的成长空间。如果公司未来有成长空间，那么我花 10 元买进的股票，可能过三个月就变成 20 元、30 元了。

虽然今天的门店没有办法像资本运作那样夸张，但是将把 200 万元放大为 500 万元还是很容易的。卖掉 50% 的股份，就能够收入 250 万元。

找 100 个人来众筹，每人筹一次，把 250 万元拆成 100 份，每个人出 25000 元，就可以得到以下三大好处。

①能持续分红。每个月有这个店的盈利分红。

②得到兑付型产品。这种兑付型产品，价值 100 元，成本只有 10 元。拿这种产品来兑付，你今天众筹 25000 元，我首先给你价值 25000 元的产品，比如代餐、红酒或者减肥产品等。

这种众筹模式，实际上是一种结合了产品销售与资金筹集的商业模式。在这种模式下，投资者不仅为项目提供了资金支持，同时也获得了与出资额等值的实物产品作为回报。这种模式在某些情况下可以有效地吸引投资者，因为它提供了即时的物质回馈，降低了纯粹投资的风险感。

③消费券。限制型消费券，消费 1000 元，只需付 500 元现金，另外 500 元用抵用券支付，这叫半价抵用。

通过众筹，你收回 250 万元。再把这笔钱投出去。但是要把这 250 万元分成两笔，第一笔用于开门店，用去 200 万元。还剩 50 万元，其中 10% 是兑付产品的成本，也就是 250 万元的 10%，即 25 万元。那么，50 万元减掉 25 万元的成本，你还能赚 25 万元。

总之，众筹就是向全社会筹集资金、人才、资源、项目、渠道、人脉等。创业靠个人的能力和资源，资金是有限的，但是社会大众的各种资源资金是无限的。

众筹模式是分红收益模型中的一种。它特别适合用于新项目的启动，如开一家美容院、餐厅，启动当地的一个项目，开厂，开分公司、子公司，做门店的众筹，等等。模型都是一样的，它的核心是把下游变成合作伙伴，来绑定销量。

如果我开一家美容院，需要资金 100 万元。过去，这 100 万元是我自己投，占股权 100%，但我一个人很难找到流量。没有流量，我怎么玩得转呢？

不如转换思路，先成立一个项目，然后把它卖出去。

为什么要这样做？还是那句话，帮我卖货的人越多，我的货就卖得越多，共享利益的人越多，帮忙做事的人就会越多。有钱不是自己赚，而是大家一起赚，所以，把你的合作关系拉开，铺成一张网，是对公司的保护机制。我们做生意一定要懂得这些逻辑，它体现了共享经济和协作精神的核心原则，即通过与他人合作，共同创造和分享价值，实现共赢。但是，无论怎么讲，众筹只是一套模式，是用来启动项目的，这个项目能不能活下去，还要靠经营来决定。经营中核心的点是产品和品牌。唯有好的产品和品牌，才能让一个项目持续经营。

很多人用这种方式失败的原因，是他们的产品不行，但项目启动了，就代表模式本来是成功的，产品没有竞争力，品牌没有竞争力，怎么可能活得下去呢？

还有很多公司，以前启动项目的时候，产品是可以的，但是三五年后产品不行了。一个产品的优势只能保持 3~5 年，如果一直不更新，就活不下去了。

所以，没有任何模式可以帮你一劳永逸，任何方法都只能给你锦上添花，企业最强的核心竞争力永远是产品和品牌。很多公司兴起又衰落，我都会很客观地看待它背后的一切，是什么导致了它的衰落，是模式、产品还是品牌？一定要找到问题的根源。

第八节

股权制度：总部和连锁门店的控制要点

连锁门店在进行股权分配时，不要陷入"股东众多"的死局。过多的股东可能导致决策效率低下、沟通成本增加，甚至可能引发股东之间的利益冲突。

2017 年 3 月，小刘发起了一家众筹咖啡馆，共有 20 多位股东响应并加入，咖啡馆成功地在深圳罗湖区的商业圈开业了。踌躇满志的小刘希望自己能把咖啡馆做成连锁品牌，并把经营咖啡馆作为终身事业。然而，不到两年的时间，曾经让小刘引以为豪的咖啡馆，却成了他的沉重负担。

咖啡馆开业之初，小刘想以品质和价格取胜。于是，他聘请了专业的咖啡师，来提升咖啡的口感，并且投入资金打造店内环境，但是这些措施都没能给咖啡馆带来大量的客流。咖啡馆的盈利不多，成本却居高不下，这让其他股东们产生了不满。

小刘通过市场调研发现，单纯地卖咖啡并不能让咖啡馆获得大量盈利，就决定在咖啡馆推出一系列增值服务。但是，小刘的宣传广告还没发出去，就遭到了股东们的反对，一部分股东认为这样会拉低咖啡馆的档次，另一部分股东认为小刘对股东不尊重，开展新业务都没有告知他们。

迫于股东们的压力，新业务不得不暂停。但是麻烦还远远没有结束，一部分股东以咖啡馆迟迟无法盈利为由，要求召开股东会议，并鼓动其他股东介入咖啡店的管理和运营。小刘虽然心里委屈，但也只能答应召开股东会议，他以为股东会能解决问题，却不知道股东们都有自己的小算盘。有的提议把咖啡馆改成酒吧，有的提议在咖啡馆增加餐饮项目，还有的提议增加咖啡馆饮品的种类。股东会开了好几次，却没有一个提议能落地实施。

小刘在反思过去一年多的经营时，意识到咖啡馆的股权分配存在很大问题。股东众多导致小股东拉帮结派，介入咖啡馆的管理和运营中，利用股权"绑架"整个运营团队，使许多业务都无法正常开展。甚至，有的股东还会以退股相威胁，由于暂时无法返还资金，小刘不得不做出一些妥协。

如此被动的运营方式，让咖啡馆的未来发展一片黯淡。

这个案例告诉我们：有时候，人多并不一定力量大。创业门店设置众多股东的初衷是为了聚集资金和资源，结果却让自己和企业都陷入了被动局面。那么，创始人应该如何扭转劣势，改变股东众多的局面，牢牢掌握企业控制权呢？

可以采取的做法是，为各个门店设置上级单位，即品牌管理总部，它会对连锁企业绝对控股，在此基础上进行股权再分配。比如，总部持有连锁企业90%的股权，剩余的10%的股权进行再分配。

但是，门店连锁企业的股权分配，最主要的不是单店股权的分配，而是总部与分部之间的股权分配。总部要想掌控连锁企业的控制权，必须重视三条重要的股权分配"生命线"，如图4-9所示。

图4-9　股权分配"生命线"

（1）34%的一票否决权

34%略高于1/3。一票否决就是反向控制，不可以提议，但可以反对。即否决大股东的提议，也能起到控制的作用。那么，这个股权比例在总店和分店之间适用吗？

并不适用，如果总店下了指令，分店否决了，这还怎么控制？所以在连锁门店领域，不存在34%的股权分配。

（2）51%的相对控制权

在门店股权分配领域，51%的比例也很少遇到。总部开拓分店或开直营店时，不会给分店49%的股份。只有在并购一家较大的门店，而且这家门店经营不善，总部才会持有其51%的股份。

对于规模较大的门店才有收购的必要性。如果门店规模很小，总部就可以另外开拓一家，根本不需要收购。当门店经营不善处境艰难的时候，才有对其收购的机会。如果门店发展得很好，则根本没有收购的机会。收购以后，总部持有51%的股份，拥有相对控制权。51%对49%，正好体现了"强强联手"。没有完全控制，也给对方留有足够的施展空间。

（3）67%的绝对控制权

总部占67%的股权，可以获得更高的控制权。常见的情况有以下两种。

第一种是直营店形式，总部拥有100%的控制权，分部没有任何股权。直营店没有股份，不享受股利的分配，也不承担亏损的风险。直营店的店长由总部指派；店员由店长招聘和管理；财务岗位，一般也由总部指派。

蜜雪冰城的直营店由总部100%控制，直营店没有股权。虽没有股权，仍然可以进行激励。不发股份，可以发奖励，也可以进行年度分红。分店没有持股，也省去了工商变更的麻烦。

因为门店的特殊性，其往往寿命较短，竞争激烈，人员流动率很高。遇到特殊情况，门店可能无法开业。这时股权也无法分配，只能战略性等待。

第二种是加盟店，总部一般不持有加盟店的股份。总部为加盟店提供一套加盟方案，收取一定比例的加盟费。这样做的好处是不用拥有重资产，也不用承担不必要的风险。

现在的连锁门店、直营店和自营旗舰店都有其特殊的使命。

一是培养店长这类人才，输送给其他直营门店；培养技术人才，指导加盟店；培养服务人才，提高分店的服务品质。

二是打造品牌，供潜在的加盟商参观和考察，也可以用店面的实际场景拍摄宣传片，供潜在的加盟商和客户观看。更进一步，还可以在直营店进行直播，拍摄短视频，这是快捷的宣传手段。

三是测试新产品、新流程。门店的操作必须流程化、标准化、数字化，而且要不断优化。

开咖啡连锁店，冲泡一杯咖啡需要 20 个动作，如果可以优化成 16 个动作，一天就可以节省 2 小时，减轻冲咖啡时的体力消耗，减少消费者的等待时间。如果在器皿上优化，提前把杯子做到标准规格，这样一倒就可以达到标准化，降低冲咖啡的技术难度。毕竟熟手冲咖啡的三个绝招是少许、适量、若干。这三个绝招比较难学，所以要升级为"三化"，即流程化、标准化、数字化。

直营店的人才有机会分到股权，而分店和加盟店的人才只能分到门店的分红，无法获得门店的股权。

门店要实现快速裂变，最重要的手段就是合伙人制。它不仅解决了低成本扩张的问题，还能解决连锁企业人才复制与经营问题。比如，德佑仅用 523 天，速开万家门店，招募超过 9 万名房产经纪人，而同为房产经纪企业的链家扩张万家门店足足用了 20 年。

那么，德佑成功的秘诀是什么呢？

独创的合伙人制度与股权分配是成功的关键。简单来讲，就是通过股权分配，让员工持有门店股份，成为门店的合伙人，让员工变成创客，店长变成老板。

①投资与分红

公司投资100%，不参与管理，享有70%利润分红。

店长不投资，负责门店经营管理，享有30%利润分红（有考核标准、业绩标准）。

②新店投资、管理和分红

新店由公司投资70%，老店长投资30%，老店长只投资，不参与管理经营。

新店长不参与投资，负责新店的经营管理，拥有30%的分红。

剩下的70%，公司和老店长按投资比例来进行分红。

③门店亏损

公司与老店长一起承担风险。

对于老店长来说，即使不参与经营，也能拿到新门店的利润分红。同时，为了2家门店的收入，老店长也会严格筛选，拼命培养新店长，形成了利益共同体，抱团经营。如果你想用这套模式进行连锁扩张，不妨这样操作，股权分配落地制度如图4-10所示。

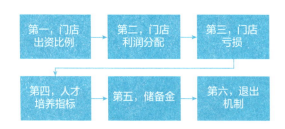

图4-10 股权分配落地制度

第一，门店出资比例。公司出资70%；合伙人出资30%。

第二，门店利润分配。回本前，公司拿70%，店长拿30%；回本后，公司拿50%，店长拿50%。

第三，门店亏损。公司承担70%，店长负责30%。

第四，人才培养指标。老店长每年培养1~2名新店长，可享有10%分红。

第五，储备金。每月拿出盈利的10%，作为新店的储备金。

第六，退出机制。门店盈利前，店长不能退出；后期盈利的时候退出，公司以 3 倍收益回购店长股份，按照分三年三期的方式，逐渐退股。

如果你想实施连锁企业合伙人制度，让门店在短时间内实现快速扩张，还需要签订员工入股协议、分红协议、退出协议等，才能保证创始人在实际执行的过程中不踩坑。

很多连锁企业说：我已经做得不错了，我要启动招商。然而，很多企业家没有明确招商的目的。招商是为了什么？首先，很简单，招商的本质前提总结为三点：连锁复制角度（单店盈利）、加盟商的角度（谋求利益）、选择理由角度（机会优势）。如果没有招商目标，即今年我要完成多少招商指标，就不能量化。

其次，明确加盟对象，越清晰就越能招到商，同时明确招商负责人，组建招商团队。然后制定招商方案，包括招商前期策划、中期成交、后期运营。例如，从招商的流程设计到招商的推广方式，形成招商手册，最后成功举办招商会。成功的一个前提就是做好招商策划工作。

本章重点

● 仅以第一名作为对标，因为只有找到比第一名更强的销售卖点，才更容易超越它。与第二名、第三名比较没有任何意义，因为他们的产品未经市场验证，只有第一名的产品是经过市场验证的。

● 竞争分析，分析你和对标对手的差距以及比他强在哪里。

● 竞争破局，提出一个关于产品或者服务的概念，思考如何比他更好。

● 项目设计，在概念产生后，思考如何设计这个项目。

● 项目验证，想要别人相信自己，就要做好背书。

第五章
模式进化
从传统到创新的跃迁

传统坐地招商、策略招商的吸引力日趋减弱，在不断更新的经济环境和竞争要求下，一些品牌方的招商创新模式陆续出现，冲击着既有的传统招商模式，也引领全新的招商连锁范式。

招商要遵循"先有数量，后有质量；先有人气，后有财气"的原则，采取低门槛的合作策略。

营销模型：销售的艺术与策略

研究同行目前做到什么程度，而你要做到什么程度

在对标的过程中，一定要去研究同行目前做到什么程度，而你要做到什么程度。深入研究同行目前所达到的水平有助于了解行业内的最佳实践和当前趋势。同时，明确自己要达到的目标可以指导企业制定合适的战略和计划，以超越竞争对手，实现更大的商业成功。

营销赋能的模型共有三个层级，如图5-1所示。

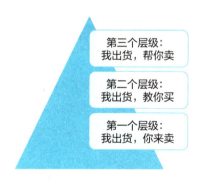

第三个层级：
我出货，帮你卖

第二个层级：
我出货，教你买

第一个层级：
我出货，你来卖

图5-1　营销模式的赋能层级

1. 我出货，你来卖

我只给你提供基本的产品及手册，你把产品拿去卖，这便是"我出货，

你来卖"，很多企业的招商都处于这个阶段。

"我出货，你来卖"这种招商模式在产品推广的初期阶段较为普遍，核心在于，企业主要提供基本的产品及手册，而合作伙伴或经销商则负责将这些产品推向市场并进行销售。

营销赋能的第一个层级，如图 5-2 所示。

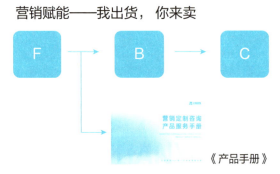

图 5-2　营销赋能第一个层级

2. 我出货，教你卖

"我出货，教你卖"是一种更高维度的模式。它不仅提供产品供应，还深入进行销售技能、策略和市场知识的传授，为企业和合作伙伴之间建立更为紧密和深入的合作关系。

在这种模式下，企业不仅提供产品及手册，还积极投入资源，对合作伙伴进行销售技能、市场策略等方面的培训和指导。这有助于确保合作伙伴能够更好地理解产品特点、掌握销售技巧，并有效地将产品推向市场。

"我出货，教你卖"模式，如图 5-3 所示。

只要与我合作，我就会提供产品介绍的标准话术和推广的销售流程话术，还会手把手地教会员工。

3. 我出货，帮你卖

其实，前面提到的维度模型已经被我淘汰了，现在更高一个维度，更高

营销赋能——我出货，教你卖

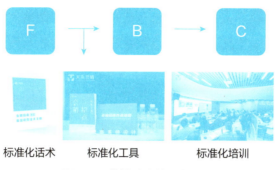

标准化话术　　标准化工具　　标准化培训

图 5-3　营销赋能第二个层级

一个级别的是"我出货，帮你卖"。

这种招商模式无疑是对传统招商模式的一次升级，它体现了企业在招商过程中的深度参与和全方位支持。这种模式的出现，标志着企业对于合作伙伴的重视达到了一个新的高度，也反映了企业在市场竞争中对于销售渠道和合作伙伴管理的深刻理解。

在这种模式下，企业不仅提供产品和必要的销售资料，还积极参与合作伙伴的销售过程，提供全方位的支持和帮助，包括市场分析、销售策略制定、销售技巧培训、售后服务等。通过这种方式，企业帮助合作伙伴更好地理解和推广产品，提升销售业绩，同时也能够确保产品在市场上得到更好的推广和口碑。

"我出货，帮你卖"有以下三种模型，如图 5-4 所示。

营销赋能——我出货，帮你卖

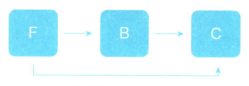

驻点模式——人力驱动
会销模式——人力驱动
电商模式——科技驱动

图 5-4　营销赋能第三个层级

（1）驻点模式

驻点模式就是企业直接派人到合作伙伴的店里帮助销售产品。很多美容业机构和快消品行业会派下店督导，在一段时间内指导合作伙伴卖货，然后再撤离。

驻点模式的优势在于企业能够直接参与到合作伙伴的销售过程中，通过现场指导、演示和互动，提升合作伙伴的销售能力和服务水平。同时，这种模式也有助于企业更深入地了解市场需求和消费者行为，从而调整和优化产品策略和市场策略。

然而，驻点模式也需要企业投入大量的人力和物力资源，包括专业人员的培训、差旅费用等，这会导致总部的成本大幅增加。此外，驻点人员的水平也很重要，水平一旦不够，可能会影响合作效果。

（2）会销模式

再进一步，还有一种模型——会销模式。企业将当地用户全部组织起来，举办一场会议进行销售，把钱收上来。

会销模式是一种高效且有影响力的销售策略，它通过将目标客户聚集在一起，以会议的形式进行集中销售。这种模式不仅提高了销售效率，还增强了品牌与消费者之间的互动和信任。

在会销模式中，企业通常会精心策划和组织一场或多场会议，邀请潜在客户和合作伙伴参加。会议内容通常包括产品展示、使用演示、优惠活动、专家讲座等，旨在通过面对面的交流和体验，激发客户的购买欲望。

会销模式的具体做法是，先由合作伙伴邀约客户，再派人去销售产品。把场景和数据全贴出来，告诉听众和潜在客户，这个模式是怎么赚钱的，从而让他们产生感兴趣。

数据和场景贴图在会销模式中的应用确实具有显著优势。通过展示实际销售数据、客户反馈和成功案例等，可以向听众和潜在客户证明业务实力和市场潜力。这种实证方式比单纯的口头宣传更加可信和有效，有助于吸引更多合作伙伴和客户。

那么，如果企业还处于低层次的赋能模式，如"我出货，你来卖"或"我出货，教你卖"阶段，最后是否容易进化到"我出货，帮你卖"的营销模式呢？恐怕不容易，需要企业付出努力和资源。

企业从低层次的赋能模式进化到更高级的营销模式，如会销模式，并不是一蹴而就的。这需要企业在多个方面做出努力和投入。

在商业竞争中，为了确保公司的持续竞争力，预判性地投入资金并构建更高层级的赋能体系是至关重要的。这不仅需要比同行更快地迈出一步，实现降维打击，更意味着要始终保持敏锐的洞察力和前瞻性思维。在人才、技术、市场策略等多个维度进行布局。这样，当市场出现新的变化或机遇时，公司能够迅速响应并抓住机遇，实现快速发展。

然而，如果公司慢了一步，同行已经领先并创新了一步，那么追赶起来将会非常困难。因为此时公司不仅要面对一个层级的差距，还要面对同行已经积累起来的品牌优势、市场份额和客户忠诚度等。这种情况下，公司需要付出更多的努力和资源来追赶，而且成功的概率也会大大降低。

因此，公司必须时刻保持警觉，预判市场趋势，并提前做好布局和投入。只有这样，才能在商业竞争中立于不败之地，实现可持续发展。

会销模式是招商的一种体现形式。企业要找一个竞争对手，指出其不足之处，强调自己的优势，告诉潜在客户："他不行，我行。"

会销模式在招商过程中确实是一种非常有效的策略，它提供了一个平台，让企业能够直接与潜在客户沟通，展示自身的优势，并对比竞争对手的劣势。

在招商演讲中，突出竞争对手的不足之处，并强调自身模式的先进性和可靠性，是一种常用的策略。通过对比，企业能够更清晰地展示自身的优势，吸引潜在客户的注意。然而，这种策略需要谨慎使用，避免过度贬低竞争对手，以免引发不必要的争议和负面影响。

接下来，你要告诉客户，优秀的同行是如何赋能的，以及他们已经达到了什么程度。相应地，你也要说明自己已经做到了什么维度。

这就是"三重切割法"，你要学会"切三刀"。

"第一刀"是大众认知。对于大部分同行，你要揭露他们的底细，不要攻击他们的企业，可以抨击他们的行为，通过这种行为，让你的竞争对手在未来难以快速发展。

"第二刀"是同行认知。对于少部分优秀的同行，不要抨击他们，要表扬、点赞，这小部分同行做得非常不错，他们已经投入很多心思，达到了一定的程度，这不是捧杀。表扬之后，你要告诉客户，这些同行还存在不足之处，还有改进的空间。

"第三刀"是自我认知。自我认知就是要建立标准、树立权威，让客户相信你。

通过精准地切割信息，演讲者能够更好地引导听众的思维，并有效地传达自己的观点和优势。第一刀"大众认知"旨在揭示市场上普遍存在的问题和不足，特别是那些占据大部分比例的同行。第二刀"同行认知"则转向对少部分优秀同行的认可与表扬。第三刀"自我认知"则是整个演讲的核心。在这一部分，演讲者需要建立起自己的标准和权威，让听众相信自己的观点和产品。

通过强调自己的独特性和专业性，演讲者能够在听众心中树立起专家的形象。同时，演讲者还需要用自信和坚定的语气来传达自己的观点，让听众感受到自己的决心和信念。

今天你要招商，就必须塑造出自己就是最好的形象，让客户觉得只能选你，只有你可以带领大家一起赚钱。如果连这种底气都没有，你还搞什么招商？要有这个底气，才能把人招过来。只要你一上台，你就是最好的。然而，这种自信和底气应该建立在真实、可信的基础上，而不是空洞的吹嘘或夸大其词。

在激烈的市场竞争中，企业要想保持领先地位，就必须不断升级自身的商业模式和营销策略。当你的会销模型成功地对竞争对手实施了降维打击时，你确实暂时占据了优势地位。然而，竞争对手若采取跟随战略并补回失去的优势，双方的竞争便会回到同一水平线上。此时，为了再次取得竞争优势，你需要考虑引导合作伙伴向更高一级的电商模式跃升。

（3）电商模式

目前较高层级的营销模式是电商模式。假设今天跟我合作的伙伴直接进入了电商体系，品牌方总部统一制作素材和内容，我作为渠道商只需要转发短视频到朋友圈，人们就会从朋友圈进入我的直播间，我来负责帮品牌方卖货，卖完货后，帮品牌方把人留下。

我会用整套业务逻辑，来帮助品牌方完成整个业务模式。我会告诉合作伙伴，过去都要靠员工去找一手销售线索，进行电话跟进、上门拜访，这是以人工为驱动的模型。但是今天与我们合作，我会帮助他们用短视频进行全域获客，并且会用私域留存所有的信息，最后把人引到我的直播间帮他们卖货。

在这种模式下，品牌方总部统一制作素材和内容，渠道商则通过社交媒体进行传播，实现了资源的集中管理和高效利用。同时，借助短视频全域获客和私域留存信息的方式，不仅降低了销售成本，还提高了客户转化的效率。

作为渠道商，我通过转发短视频到朋友圈，引导人们进入直播间，从而帮助品牌方完成销售。这种模式充分利用了社交媒体的裂变效应，实现了快速传播和广泛覆盖。而且，通过私域流量的运营，我能够更精准地把握客户需求，提供更个性化的服务，进一步增强了客户黏性。

整个业务逻辑的完整性，也是这种模式得以成功运作的关键。从销售线索的获取，到客户的跟进和转化，再到售后服务的提供，整个流程都实现了闭环管理，确保了客户体验的连贯性和满意度。

电商模式的运营，如图 5-5 所示。

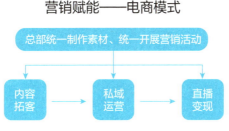

图 5-5　电商模式运营

在这套模式中，用户再转用户，帮你建立分销体系，为你带来源源不断的流量。在这种模式下，用户不仅是消费者，更成为品牌的传播者和销售者，通过他们的社交分享，能够迅速将产品信息传递给更多的潜在用户。

一般的合作机构是抽取你的流量，而我是给你反向输送流量。构建起一个庞大的销售网络，这个网络不仅能够覆盖更广泛的用户群体，还能够根据用户的反馈和需求进行灵活调整，从而更好地满足市场需求。

新营销链路如图 5-6 所示。

图 5-6　新营销链路

图 5-6 中展示了一个传统且扎实的销售流程，从销售线索的获取，到电话跟进、上门拜访、产品介绍、成交促成，再到客户转介绍和人工复盘，每一个环节都体现了对销售过程的精细管理和对客户关系的深度维护。并且根据电商体系和分销模式，我们对传统营销链路进行数字化升级，从而成为新营销链路。

例如，通过线上平台获取更为广泛的销售线索，利用大数据和人工智能技术进行精准的客户画像和需求分析，提高电话跟进和上门拜访的效率和成功率。同时，通过短视频、直播等新媒体形式进行产品介绍和推广，吸引更多潜在客户关注和参与。

在成交促成环节，我们可以利用线上支付、电子合同等便捷工具来提升交易体验，加快成交速度。在客户维护方面，通过建立完善的客户管理系统，实现客户信息的数字化存储和分析，以便更好地了解客户需求和行为习惯，提供个性化的服务和产品推荐。

在人工复盘环节，我们可以引入数据分析工具，对销售过程进行量化评估并给出优化建议，提高销售团队的工作效率和业绩水平。

第二节

管理模型：团队的力量与协同

优秀的同行是如何进行管理赋能的，已经做到何种程度？

管理模型的选择对于企业的发展至关重要，它们不仅影响着企业的运营效率，还直接关系到企业的长远发展和竞争力。管理模型分为以下三类，如图5-7所示。

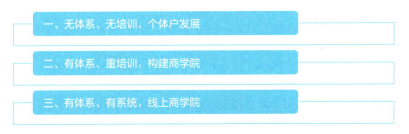

一、无体系、无培训，个体户发展

二、有体系、重培训，构建商学院

三、有体系、有系统，线上商学院

图 5-7　管理赋能模型

"无体系、无培训，个体户发展"这种管理模型通常出现在初创企业或小型个体户中。由于资源有限，企业往往没有建立起完善的管理体系和培训体系。这种模式下，企业的发展高度依赖于个人的能力和经验，缺乏标准化的操作流程和明确的职责划分。虽然这种模式在初创阶段可能具有一定的灵活性，但随着企业的发展，其弊端也日益显现，如效率低下、决策失误率高等。

"有体系、重培训，构建商学院"管理模型属第二个阶段。随着企业规模的扩大，建立完善的管理体系和培训体系变得尤为重要。这种管理模型注重通过商学院等机构来培养员工的专业技能和管理能力，使企业的运营更加规范化和标准化。同时，明确的职责划分和操作流程也有助于提高工作效率和减少决策失误。然而，这种模式需要投入大量的资源和时间来建设与维护商学院，并且需要不断更新培训内容以适应市场的变化。

"有体系、有系统，线上商学院"是当下最先进的管理模型。随着互联网的普及和数字化技术的发展，线上商学院逐渐兴起。这种模型不仅具备传统商学院的培训员工、传播企业文化等功能，还通过线上平台实现了更加高效和便捷的学习与交流。员工可以随时随地进行学习，企业也可以通过数据分析来优化培训内容和管理策略。此外，线上商学院还可以降低企业的运营成本，提高培训的覆盖率和参与度。然而，这种模式也需要企业具备一定的技术实力和运营能力来维护线上平台的稳定性和安全性。

在与客户沟通关于管理赋能的重要性时，我们同样可以采用"三重切割法"来深入剖析问题，并展示我们的优势和价值。这种方法包括大众认知、同行认知和自身认知三个层面，旨在通过对比和分析，帮助客户认识到管理赋能对于业绩提升的关键作用。

同时，我们也可以分析客户公司业绩下滑的可能原因，如管理体系不完善、培训投入不足、员工发展机会有限等。通过对比分析和深入讨论，我们可以帮助客户找到问题所在，并提出有针对性的解决方案和建议。

商学院模式，如图5-8所示。

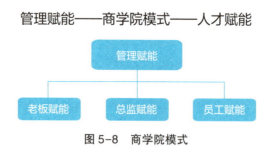

图5-8　商学院模式

连锁和经销要想做好，少不了搭建商学院体系。我们针对经销合作伙伴，构建了全套的训练模型，那么，针对企业老板，要上什么课？针对合作总监，要上什么课？针对员工级别的，要上什么课？

第三节

品牌模型：建立深入人心的品牌

做品牌难！掌握同样的资源，为什么不让专业团队来帮你？

建立深入人心的品牌是一个复杂而又精妙的过程。一个品牌要想深入人心，首先要有清晰、明确的定位。通过有效的传播手段，品牌可以将自己的核心价值、独特卖点和品牌形象传递给消费者。品牌形象是消费者对品牌的整体印象和感知，它包括了品牌的视觉形象、声音形象、文化形象等多个方面。一个深入人心的品牌，不仅是消费者需要时才会想起的品牌，更是消费者在日常生活中会与之产生情感共鸣的品牌。

但是，品牌建设是一个极具挑战性的任务。这种挑战可能来自多个方面，如市场竞争激烈、消费者需求多变、品牌形象塑造难度大等。因此，许多人在尝试自己进行品牌建设时可能会感到力不从心。

如果将这个任务交给专业团队，那么结果将会大不相同。这是因为专业团队具备更丰富的经验和更高效的协作能力，能够更好地理解和满足品牌方的需求，从而打造出更具吸引力和影响力的品牌形象。

我经常这样对学员说："做品牌难不难？"

"难。"学员回答。

"那么，为什么你老是把这种痛苦放在自己身上呢？转移给我不好吗？你自己做不一定能做成，你找我，很容易就能做成，因为我是这个领域的专业户。"我接着说，"你天天想话术，自己随便写个话术上台招商，有可能讲得一塌糊涂，同样的资源，你让我们的团队来帮你写，来帮你讲，完全是两个世界。我自信、负责任地告诉你，钱总得花出去，花给周老师有保障。"

专业性和团队合作在品牌建设中起到了重要作用。

投资品牌建设是必要的，而选择一个靠谱的专业团队合作则是明智之举。将资金投入品牌建设是有保障的，因为专业团队能够提供高质量的服务和有效的解决方案。

1. 品牌赋能模型

品牌模型是一个复杂且多维度的概念，旨在帮助品牌实现其市场定位、传播和形象塑造等目标。

品牌赋能也有三种层级，如图5-9所示。

第三个层级：品牌势能下沉

第二个层级：总部品牌势能

第一个层级：无品牌势能

图5-9　品牌赋能模型

第一个层级，无品牌势能，广告投放为零。无品牌势能可能意味着品牌在市场上缺乏明显的优势或影响力。

第二个层级，总部品牌势能，是指企业总部或核心团队所具备的品牌影响力和竞争力。这通常与企业的整体战略、品牌形象、产品质量以及创新能力等因素密切相关。

第三个层级，品牌势能下沉，意味着品牌的营销努力正在深入或下潜到较低线城市或更广泛的消费者群体。这通常表现为品牌从高线城市扩展到低线城市，旨在扩大市场份额和影响力。

打个比方，第一个层级，相当于你没有任何装扮；第二个层级是把总部精心打扮一番，我很耀眼，放在公司层面，这叫花钱打造总部；第三个层级是最高级的，把衣服穿在合作伙伴身上，谁做得好，我就把衣服给谁穿，谁在当地市场做得好，就用广告去扶持谁，帮他在当地做大做强。

先评判品牌有无势能，如果处于第二个层级，拥有总部品牌势能，那么下一步应该采取哪些行动呢？比如，邀请明星代言、进行广告投放（在电视、特大机场、地标建筑等投放广告）、品牌造节、全网投放，等等，这些都是总部的专属策略，就是给总部和领头人穿上漂亮的衣服。

飞鹤乳业的口号是："更适合中国宝宝体质的奶粉。"我们来看看飞鹤乳业当年在起势的过程中，是如何塑造品牌的。

①请明星代言人做背书。飞鹤宣称更适合中国宝宝体质，你自夸，别人怎么会相信呢？你自己说的不算，还需要背书。于是请来了章子怡作为明星代言人。

②线下媒体的势能。2017年，飞鹤和分众传媒合作，进行了整体的战略联名，短短几个月的时间，在全国60多个城市做了广告整体投放，每天可以触达5亿主流人群，广告不断播放，这是非常有效的。

其实投放广告真的不贵，最贵的是雇用员工。假设今天请了10个员工，每天去触达客户，1个月只能触达三四十个客户，效率太低了。但是，通过广告投放，就相当于请了一个人天天蹲在路边来告诉所有经过的人："飞鹤最好，飞鹤最好，飞鹤最好。"重要的事情不是说三遍，而是365天都在给别人强调，这样的成本效益比是非常划算的。

飞鹤乳业为了打造品牌母婴矩阵，借用了新媒体的打法。

分众广告的整体逻辑是覆盖，而不是筛选用户进行精准投放。但是，现在的互联网可以做到精准投放。分众则专注于破圈引爆。首先，寻找正在备孕或拥有0~1岁、1~3岁、4~6岁孩子的明星准妈妈或者妈妈，与她们全面合作以提升知名度。其次，与专业媒体或自媒体，儿科、妇产科、心理学领域医生，幼儿园等建立合作，让他们在账号发布相关内容。

也就是说，分众破圈的策略包括名人效应和专业背书效应。当这两个效应产生后，可以邀请电商博主一起帮忙卖货，实现长效"种草"。同时，KOC

（关键意见消费者）可以引发所有会员帮忙转发产品，这是整体的销售逻辑，也是很细化的操作手段。这些所有打法都是为了支撑总部的品牌，不断增加其曝光度。

飞鹤乳业最成功的举措是打造了一个节日——"中国宝宝节"。就像电商平台的淘宝创造了"双十一"购物节，京东创造了"618"购物节一样。

这个宝宝节是如何运作的？它与长隆合作，因为长隆是孩子们去的最多又很有势能的公司，所以双方联合发布了这个节日。后来只要到这个节日，飞鹤就会在全国做一些促销和营销活动等。通过这些活动的举办，总部的品牌形象得到提升。

假设在招商过程中，一个品牌不停地向你强调："我们公司邀请了明星章子怡代言，每个月在全国投放很多广告，触达用户五亿次，为合作伙伴扫清了产品推广的障碍，并且我们在互联网上建立了一个营销矩阵，树立起'更适合中国宝宝体质的奶粉'的形象，并且打造了一个中国宝宝节来作为整体的公关活动。"看到这些新举措，会不会觉得这个公司很负责任，很想跟它合作呢？

这就是在打造品牌势能。如果品牌没有势能，招商工作将很难推动。

想要打造品牌，需要投入资金吗？

只有投入资金，才能树立起品牌。很多老板只关注自己公司的利润，却忽略了品牌价值。品牌价值是很高的，它代表了品牌可以影响多少人，以及未来消费者舍得花多少钱购买你的产品。

到第三个层级，品牌势能下沉。它包含了品牌方必须进行网络投放、开展地区营销活动以及针对地区头部客户的公关行为等。

那么，飞鹤乳业拥有总部品牌势能之后，它是如何进一步实现品牌势能下沉的呢？

①到一些超市门口搞活动，包括转盘活动、分享嘉年华，在线下开展"飞鹤乳业铂金版妈妈的爱"主题宣讲和关爱妈妈活动，将产品植入进去。

②开展转发、集赞、免费领取等活动，这是为合作伙伴而做的。合伙伙

伴看完后会觉得："这个总部很为我们着想！"

建立整个线下链路，从获客、激活、变现到流程的整个模型。有了这个"1"模型，就能进行复制和扩张。

从线上引流、线下引流到地推，再到引导客户去、进入群聊，这样整个链条就全部勾勒出来了。

你的品牌处在哪个级别？如果你的品牌还没有达到第三级别也没关系。因为品牌建设需要一级一级地建，不可能一蹴而就。一个企业的连锁体系代表着产品、营销、管理、品牌和系统要实现全面标准化，但是我发现很多公司目前还没有什么品牌。假设我的品牌目前是最低的级别，也不要妄自菲薄，在招商的时候扬长避短。

企业成功的关键是产品好且畅销。通过不断投入研发、优化产品质量、提升用户体验、精准定位市场、优化销售渠道和提升销售团队能力等措施，企业可以不断增强自身的竞争力和市场地位。

在招商过程中，有两大标准建设不可或缺，别的都是虚的，只有这两个才是核心。那么，我们如何在这两个标准上深耕建设呢？

在招商过程中，应遵循"真实、透明、专业"的原则。对于产品的优势、技术特点、市场前景等要如实介绍，不夸大其词；对于企业的实力、资质、支持策略等也要坦诚相待，不隐瞒事实。

2. 品牌势能

品牌势能从何而来？

品牌之势在于蓄势、顺势、借势、造势。庸人逐利，智者谋势，顺势而为，事半功倍，逆势而为，事倍功半。势，是一切可供借助利用的关联事物，特别是其发展趋向。招商之势，在于为品牌蓄势、顺势、借势与造势。

造势，应遵循效益最大化原则。比如，招商会策略：以培训为新闻素材点，软广告硬广告结合造势；周密计划、主动出击目标客户；招商会进行中控制节奏、言传身教、灌输观念、积极调动加盟商热情。

品牌势能，根源来自产品力。

你的产品满足客户需求，这是品牌势能的源头。创业初期，我们经常会抱怨市场饱和，没有需求。其实不是没有需求，而是我们的产品没有创造出他们的需求。汽车出现就是一个创造需求的典型例子。在汽车出现以前，你去问消费者要什么，他们会告诉你：一匹更快的马。但是，当汽车出现以后，人们对马的需求消失了。

汽车是比"更快的马"还要快速的东西，它的出现创造了消费者的需求，所以引起了汽车行业的兴旺发达。

当今的市场充满了各种商品和服务，一个创业型的企业或者招商经营中的小企业，如果仅仅以满足消费者的需求为目标来生产产品，是很难取得成功的。最简洁、最有效的途径是通过创新来创造需求，从而引领市场，走向成功。

星巴克给中国的茶商们上了一课，它在中国卖起了茶叶，而且生意火爆。

为什么星巴克能够成功？我们先来看看它在美国是如何成功的。星巴克诞生之前，美国人通常是在家里或者办公室里喝咖啡。有了星巴克，他们才改变了自己的习惯。因为星巴克给他们营造了一种休闲的氛围，让人们在那里喝咖啡有种与众不同的感觉。所以，人们很快就接受了星巴克，它成了一种流行符号。

在中国，星巴克是白领一族的专属地带，中国消费者在星巴克不是为了咖啡或茶叶，而是为了追求一种情调和品位。所以，无论是卖茶叶还是咖啡，星巴克在中国都能成功。

所以说，需求永远都存在，关键是你能否发现它，或者创造它。一家企业，或者一个品牌方，只要学会发现和创造消费者的需求，就容易在市场上取得竞争优势。

系统模型：完善的商业运营体系

在数字化转型背景下，你的企业应如何打造电商模型？

系统赋能是一个复杂且多维度的过程，它涉及企业运营的多个方面，以提升整体效率和竞争力。

系统赋能包含三个端口：客户管理、业务系统和智能营销。它们在系统赋能模型中各自扮演重要角色，并共同构成三个层级，如图 5-10 所示。

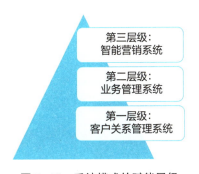

图 5-10　系统模式的赋能层级

这几年，企业很关注数字化转型。数字化分为以下几个端口。

1. 第一层级：客户关系管理系统

客户关系管理系统（Customer Relationship Management，CRM），就是将客户信息全部录入系统，在后台进行分类管理。

企业可以有效地收集、整理和分析客户信息，实现全渠道沟通，从而为客户提供更加个性化和精准的服务。这一层级的核心目标是提升客户满意度和忠诚度，进而提高客户留存和转化率。

但是，这个系统的价值相对有限，它只能做数据的留存和数据的分析，无法获取数据的动态信息。它的信息源于企业内部的数据，没法形成完整的数据库和数据链。在我看来，它还不如微信分类管理有效。它需要信息叠加和内容添加才能发挥作用，否则就没有实际价值。

2. 第二层级：业务管理系统

业务管理系统（Enterprise Resource Planning，ERP），即企业订单管理和业务管理系统，再加上内部办公自动化（Office Action，OA），主要解决企业业务流的层面的难题。所以很多企业的数字化转型都将其视为核心关键。

业务系统作为中间层级，主要关注企业内部业务流程的优化和整合。通过开发高效的业务接口和系统接口，企业可以实现不同系统之间的数据交流和协同工作，提高业务处理效率和数据安全性。这一层级的目标是确保企业内部业务运营的高效和顺畅，为前端客户管理提供有力支持。

如何使用系统把业务流全部串联起来？市面上成型的业务管理系统软件多如牛毛，直接买就行了，不要自己开发，徒劳无功。

3. 第三层级：智能营销系统

客户关系管理系统和业务管理系统这两套软件主要用于流程管理，并非直接帮企业赚钱，所以我们现在要升级到第三个阶段——智能营销系统。

智能营销系统作为系统赋能模型的顶层，主要利用大数据和人工智能技术，实现精准的市场分析和营销策略制定。通过收集和分析客户数据，智能营销系统可以预测客户行为，提供个性化的营销内容，从而提高营销效果和转化率。这一层级的目标是帮助企业实现市场扩张和品牌提升，进一步提升企业的竞争力。

国内的典型代表——"销管家"，它是新一代智能"拓客"系统，如图5-11所示。

销管家可以帮助企业打造电商模型，由总部搭建，赋能全国。赋能模型

图 5-11 新一代智能"拓客"系统——销管家

不靠人来完成，而是依靠系统实现。作为品牌方，要统一商品管理、商城装修和整体营销方案，这叫"三项统一"。统一后，要跟经销商、门店、用户建立关联，而中间的承载体就是销管家。它可以帮助总部搭建好线上商城，这个商城不仅是卖货的平台，还是传播文化的平台。建完后，它会生成一个名为新零售的云店，可以把它理解成一个小程序。

这个小程序由总部统一运营，但是总部生成小程序后会给每个员工也生成一个一模一样的小程序，而这些小程序会赋能给经销商，经销商可以使用它进行系统赋能和运营赋能。

系统包含了如何销售商品、如何结算；运营包含了如何构建培训体系、流量体系和服务体系。流量体系解决了如何通过直播、短视频和私域等方式帮你卖货，服务体系涉及订单管理的整体流程，我可以用整套"销管家"系统将这些全部打通。

所以，经销商只需要把它直接推送给用户，就可以实现整体销售。总部也可以使用这套系统，触达自己的经营客户。因为有些市场有经销商，有些市场没有。没有经销商的地方，总部可以自行触达，这样一来，每个消费者都成为流量端。你的转化端可以是门店、线上店或者直播时的商品展示。

最后，假设要交付，可以到线下各个网点进行交付，也就是流量、转化、交付三端分离的模式，任何人都可以为你导入流量，任何人都可以帮你销售商品，大家可以到你的线下门店进行整体支付，这就是全渠道、全场景、多元化营销，也是未来的营销趋势。而且我相信，哪个公司能率现搭建并落地这套营销系统，谁就能开创出一个全新的世界。因为整套模型一旦搭建完毕并落地，你就可以整合很多产品进行销售，甚至可以销售不同的产品。

本章重点

● 在对标的过程中，一定要研究同行目前做到什么程度，而你要做到什么程度。营销赋能的模型总共有三个层级：我出货，你来卖；我出货，教你买；我出货，帮你卖。

● 管理模型分为以下三类：无体系、无培训，个体户发展；有体系、重培训，构建商学院；有体系、有系统，线上商学院。

● 品牌赋能也有三种模型：无品牌势能，广告投放为零；总部品牌势能；品牌势能下沉。

第六章
超级系统
八大模块打造完美招商

随着经济发展，招商已经成为企业的重要组成部分。但是国内大部分连锁企业往往会面临一个困境，自己为数不多的几家直营店无法产生规模效应，辛辛苦苦赚来的钱又拿去开店了，明明资产看起来很多，现金流却少得可怜，该如何破局呢？

不会招商，处处无商；学会招商，快速扩张。

第一节

渠道宣发：如何让品牌更有竞争力

加盟做招商，如何搭建连锁特许招商大系统？

当品牌方拥有成功的项目经验，并希望通过加盟的方式将这一模式复制给加盟商时，确实可以为加盟商提供全方位的支持和指导，帮助他们快速进入市场并实现盈利。

加盟做招商，品牌方自己有好项目，自己亲手操盘，并总结出了成功的经验，可以传递给加盟商，给输出加盟商一套可复制的赚钱模式，帮助加盟商选址、建店、装修、开店、陈列、营销、团队管理和进行清晰的投资回报分析。

那么，如何搭建连锁特许招商大系统？

渠道宣发，让品牌更有竞争力。一个有效的渠道宣发体系能够确保品牌信息准确、快速地传递给目标受众，从而增强品牌的知名度和影响力。

招商会前的宣传，主要是通过各种广告媒体将企业的招商信息传播出去，通过电话、传真、信件等方式来收集客户资料，通过进一步洽谈，引导人们来参加招商会，经销本企业的产品。

在诚信日益重要的当前市场经济上，加盟商们对招商广告的第一反应就是：企业的诚信度如何？广告中的各项承诺——包括日后的广告支持、培训支持等是否可以在以后的合作过程中得到实现？由于招商竞争的日益激烈，许多企业想尽办法希望引起加盟商的注意，他们总是想把自己的产品夸成一朵人见人爱的花，因此，他们往往会在招商广告中用上一些不切实际的词汇和语言。如"不打这个电话，你将损失多少""一个电话等于 100 万元"等。但是，这样的招商广告却往往适得其反，要知道，招商广告是做给业内人士看的，要吸引的也是该行业内的经营业主、从业人员、优秀人士。而且，许多加盟商看完后的第一反应就是："真的有这么好的机会吗？怎么可能轮到我呢？"

所以，最重要的一点是招商企业要尽量做到招商广告的诚信和实在，从加盟商的需求出发，掌握他们的心理。招商广告不是越煽情越好，也不是越离谱越好，而是要从自己可以给对方提供的宣传资源、促销手段、投资回报和服务等方面做出比较真实的承诺，把自己的产品特征、竞争力、利润空间讲清楚，切实把加盟商当作自己的合作伙伴荣辱与共、资源共享、强强联合、真诚地协作，这样才可以赢取招商的共赢。

招商宣传推广方案是企业招商的重要一环。在市场竞争日益激烈的今天，如何让品牌方更具有吸引力，更容易招商成功呢？下面我给大家介绍一些招商宣传推广方案的实用技巧，帮助品牌方更好地推广和招商成功。

1. 专业品牌策划

一个企业没有品牌会怎么样呢？

假如你们公司开发了一种新产品，为了推广该产品，你们公司聘请了很多销售员去推销。结果很可能出现这样的情形：销售员拨打陌生客户电话时，很多顾客会说："这个产品我没有听说过，你们公司我更加闻所未闻……"然后挂掉电话。而那些一头冲向市场、上门推销的销售员，则会垂头丧气地回到公司对你说："老板，我们的产品顾客没听说过，所以业绩不好。"

为什么会出现这种状况呢？因为你的企业和产品在市场没有知名度。

一个品牌要想在市场中获得竞争优势，不仅要从生产、管理、销售上入手，还应从竞争战略上着眼，持续、系统地创造品牌力。从品牌灵魂中塑造品牌，实现品牌形象差异化，对其进行系统管理，达到品牌再造、打击品牌对手、提高品牌综合竞争力的目的。

品牌的塑造是长期的产品创新、市场经营等一点一滴积累出来的，并且要不断依据市场反应进行修正，使之不偏离品牌的深层含义。而所有这一切都要从品牌所呈现出来的形象中反映出来，再由媒介将这种形象传播给市场和大众。

世界最知名的饮料品牌可口可乐，它的竞争优势一半以上来源于坚持不懈、长期的市场宣传，在这一系列宣传活动中，可口可乐不断强化品牌所附带的美国文化和它固有的品牌特征，从而稳固而有力地保持着市场领先地位。

2. 多样化的宣传途径

传统的宣传方式已经无法满足企业的需求，如今的招商宣传推广需要多样化的宣传渠道。除了传统的广告、展会等方式，还可以通过社交媒体、微信公众号、短视频等新媒体渠道进行宣传推广，如图 6-1 所示。

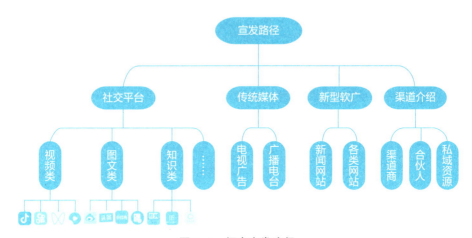

图 6-1　招商宣发途径

相对于传统渠道，互联网渠道具有传播速度快、覆盖面广等优势，可以更好地吸引目标客户的关注。

3. 系统性赋能价值感

招商是一种互相赋能的模式。

达拉斯希尔顿饭店在建造时，由于筹措资金不足，开工不久后就陷入了停工的窘境。为了渡过难关，希尔顿决定去拜访地产商杜德。之前希尔顿饭店的地皮就是从杜德手里高价买过来的。

听了希尔顿的话，杜德事不关己地说："那我也没有办法了，只好停工了。"

希尔顿说："可是，如果这样停工的话，恐怕你的损失比我的损失还大。"

杜德吓了一跳："你这话什么意思?"

希尔顿说："因为我的饭店停工，你附近的地皮就会受到影响。如果我再宣传一下，说我不继续盖是因为不符合我的理想，我想另外选址，这样的话，你的地皮就不值钱了。而且，根本没有人会怀疑我没有钱，因为我已经拥有好几家高级饭店。"

杜德沉默了一会，说："你来找我，是为了什么?"

希尔顿说："我有一个两全齐美的办法，就是你出钱把饭店盖好，我再来买。"

看杜德一脸的不解，希尔顿又解释道："这个意思就是，你把饭店盖好，卖给我，我可以分期付款给你。重点是，只要饭店不停工，你的那些地皮就有升值的空间，再搭配我的行销手段，你肯定不会吃亏的。"

虽然希尔顿有点耍无赖的意思，但也是在困难时无奈的选择。杜德考虑到以后的发展，只好答应希尔顿的条件，替他盖楼了。

希尔顿没有拿出蛋糕与杜德来分，而是把他拉下水，让他无法置身事外，他更巧妙地避开了钱这个伤感情的议题，而是把眼光放得长远，关注到杜德的土地升值的"未来"上，强调如果双方不好好合作，未来就会两败俱伤。只有各取所需，才能实现共赢。

试想一下，如果希尔顿单纯地向杜德借钱，把谈话的焦点全部放在钱上，那么精明的杜德是不会轻易答应的。

4. 推广速度、知晓人数、宣传力度

无论是销售还是招商，都是为了把东西卖出去，把钱收回来；区别就是招商后有人帮你一起做销售的工作。

国内目前很流行一个词语叫作"合伙人"，你要找很多的合作伙伴、团队的成员和你一起招商。一个人只能讲一次，两个人就可以讲两次，十个人就可以讲十次，人多力量大。

量大是致富和制胜的关键。同样时间内，讲的人多了，面对的听众也多了，成交概率自然变高了，业绩变多了。

招商是找人帮你卖东西，这些人被称为经营者、经销商或代理商。他不但要认同你所销售的产品与服务，把钱给你，还要把你的产品和服务推广给更多的人。

你不能只得到他们的业绩，更需要得到他们的支持。如果他们认同了你的产品和服务，他们就会更努力、更有底气地去向别人推荐你的产品和服务。

当然，在这个时候，你必须有完整的招商制度，让别人知道跟你一起招商对他们有什么好处，以及成为你的代理商与其他情况有什么不同。

第二节

邀约机制：目标是客户沟通，邀请客户到招商现场

招商部是招商工作的执行者，如何培养和锻炼一支团结一心的招商队伍？

邀约机制是一个系统性的过程，旨在通过一系列策略和活动，吸引目标客户并邀请他们来到招商现场。

招商部是招商工作的执行者，与加盟商短兵相接，担负着客户邀请、商务谈判、招商回款等重任，还肩负着建立健全客户档案、加强客户管理、保持与客户间双向沟通的责任。

招商经理的重要性就更不言而喻了，他直接关系到公司的招商业绩。不但要将公司的招商策略传递给加盟商，还要为加盟商描绘可操作的市场方案及美好的市场前景，促成加盟商"应招"；与加盟商保持密切联系；参与加盟商初选谈判；负责客户的接送站、订房、接待工作；接听客户来电，介绍产品知识；考察客户的信誉度、经营实力情况；做好各种报表的管理、预备工作；做好各种宣传品的管理、预备工作；对与客户保持良好关系负责。

由于招商工作的繁杂与细琐，不仅需要招商人员经验丰富，更需要他们具备敬业精神和团队协作态度。因此，培养和锻炼一支团结一心的招商队伍是发展的重中之重。

招商团队的成员，最怕认知不统一。如果人人都有自己的评价体系和谈判标准，对产品、市场和招商各抒己见，各行其是，就会造成内部信息混乱，招商效率低下。高效而实战的招商培训是招商成功最重要的保障之一。通过培训，可以统一思想，使全体成员的内在共识和言行标准一致，共同推进工作。因此，招商培训是打造一支思想统一的优秀团队必不可少的"内功"。所有招商人员不但要领悟到公司的战略思想，而且要掌握自己招商的核心优势，对加盟商输出的市场投入预算、广告进程、操作方案必须口径一致，而这些目的的达成都必须依靠统一的培训。

我们在招商实战中发现，经过系统培训，团队的凝聚力和战斗力会得到快速提升，招商人员能快速融入企业招商氛围，并在更短时间内为企业带来实际收益。

我们来看看招商会销系统，包括以下步骤，如图6-2所示。

会议营销邀约对象如下：分享嘉宾，提高势能背书的人；势能客户，带动现场成交的人；老客户，已经掏钱合作的人；新客户，希望新增合作的人。

会议营销邀约对象如表6-1所示。

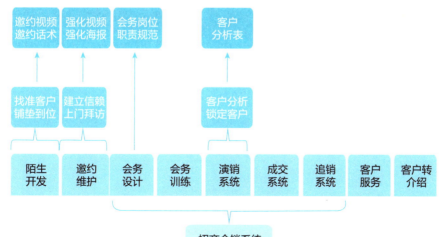

图 6-2　招商会销系统

表 6-1　邀约客户策略

邀约对象	邀约目标	邀约责任人	邀约策略 （对外邀请资金、内部邀约策略）	邀约工具
分享嘉宾	3 人	总裁办	对外邀请资金：花钱请嘉宾，支付出场费 内部邀约策略：无	活动介绍； 邀请函
势能客户	10 人	总裁办	对外邀请资金：行程全包，高级接待 内部邀约策略：无	活动介绍； 邀请函
老客户	150 人	客服部	对外邀请资金：无 内部邀约策略：门票收入 980 元，内部提成 380 元	活动介绍； 报名链接； 邀约视频； 邀约海报
新客户	150 人	招商部	对外邀请资金：无 内部邀约策略：门票收入 980 元，内部提成 780 元	活动介绍； 报名链接； 邀约视频； 邀约海报

招商经理应具备一定的招商运作经验，擅长说服和鼓励性谈判，具有团队合作精神、服从意识和大局观念。在招商会召开期间，紧紧围绕招商订货会的实施，成立招商会的会务组和业务组，并由"统筹"统一指挥。

一个招商团队能否发挥出应有的水平，一方面要依靠一个管理者的技能和水平；另一方面也应该注意各项制度和体系的建设，包括组织结构的优化、以岗位责任制为核心的考核制度的建立；内部团队奖励 PK 机制；考评和激励机制的完善和落实；团队培训体系的建立。

在服装产品订货会期间，某代理商通过文字资料、图片展示、静态展示、动态讲解等方式，对整盘货品风格、色系、搭配、面料、技术等知识进行最大限度的展示，让客户在短时间内对商品有基础认知，这是加强客户确认订单与商品的关键一步。

款式选择：确认本季度的主打款式与主打面料，让参与招商订货会的工作人员都详细了解整体产品开发计划、流行趋势、主打款式卖点等，进行重点推介，以起到集中下单的作用。

下单数量：这是一个模拟销售计划的过程，以单店销售业绩作为依据，确认下单商品的数量，同时结合产品开发特点与上市计划，指导客户下单。注意要充分运用二八定律原则，从款量、数量上进行细化来实现最低库存风险。

订货策略：公司在降低库存风险的同时，客户的相应库存风险也会增加，为确保订货下单的顺利进行，达到库存风险分化的目的，提供相应策略上的优惠和激励是必要的。可根据不同渠道来区分：如为不同级别的客户给予相应的激励；也可以以数量作为衡量标准，通过返点的方式激励客户下单。

第三节

会务流程：招商会过程控制

招商会当天人多，如何保持招商会现场秩序井然？

招商会的会务流程控制，是确保会议顺利进行并取得预期效果的关键环节。

一个没有思想的人如同行尸走肉，一个没有核心理念的招商队伍则如一盘散沙。所以，在沟通与管理中，不但要教会员工如何运用各种技巧去招商，而且要真正形成有凝聚力的招商团队。

招商讲究市场功底，讲究细节的累积，再高的招商目标也是由一个又一个大大小小的招商业绩累积而成的。

招商会的当天人多，怎么接待客户特别重要，接待秩序切不可乱。要保持招商会现场秩序井然，首先必须有一个掌控现场的人员，安排一定要得当，各个环节的控制非常重要。

活动重要嘉宾接待表如表6-2所示。

表6-2　活动重要嘉宾接待

日期	时间	项目	具体内容	物料	接待负责人	备注
准备阶段	倒计时一周	确认时间	确认领导能否参加活动	确认话术		落实到场时间
	倒计时一天	确认时间	确认领导能否参加活动，是否需要接机接站	确认话术		如需接机提前安排车
	活动当天	确认是否到场	确认领导能否参加活动	现场确认		不来的确认替代人员

续表

日期	时间	项目	具体内容	物料	接待负责人	备注
第一天		行程规划	提前与司机沟通活动路线，避免走错路	提前发送活动具体位置（标记好）		位置越详细越好
		停车管理	按照重要嘉宾车位规划，安排专人停车，引导嘉宾进场	VIP停车位指示牌		提前发送电子版给司机
		嘉宾住宿	提前预订酒店房间，提前将酒店位置和房间号发给嘉宾	位置通知话术		
		自助晚餐	发送餐厅位置和营业时间，提示明天活动时间和流程	会餐通知话术		询问是否有忌口或者其他要求
第二天		早餐管理	礼仪引导早餐区+协助取餐+正确入座	建立隔挡，方便嘉宾私密交流		提前和场地方沟通，不要打扰嘉宾
		VIP室管理	1. 礼仪引导嘉宾到VIP室，提前准备茶水、点心等 2. 接待组介绍活动嘉宾，安排摄影师拍照和合影 3. 与嘉宾确认座位、活动流程、活动内容等 4. 活动开始前整理仪容+礼仪催场提醒 5. 礼仪引领嘉宾进入主会场和嘉宾座位	1. 茶点（酒店预备） 2. 确认座位、活动流程、活动内容 3. 安排摄影摄像 4. 礼仪催场协调 5. 茶点（酒店预备）		在此期间防止外部人员打扰
		主会场管理	1. 礼仪引导VIP座位（其中有一名翻译） 2. 礼仪催场（上台致辞） 3. 礼仪上下台引领 4. 礼仪茶歇引领	1. 确认的座位 2. 礼仪引领		按照礼仪培训单执行即可

续表

日期	时间	项目	具体内容	物料	接待负责人	备注
第二天		午餐管理	确定座位位置，安排自助餐比较好	礼仪引领		
		活动晚宴	1. 引导至主桌相关座位 2. 致辞前催场（致辞PPT需要投放在大屏幕） 3. 活动劳务结算确认 4. 送领导离场	1. 财务结算 2. 礼仪引领		提醒财务部结算费用

招商会会场所在酒店的布置，从一进酒店大门的横幅、彩带、气球，到酒店内部一系列视觉上的装饰，一定要到位。进入招商会会议现场感受到的氛围一定要大气，横幅彩带这些钱一定要舍得花，这些硬件处理完毕之后，招商礼仪也不可少，如表6-3所示。

表6-3　招商礼仪表

活动环节	位置	类别	工作内容
活动前期	活动餐厅区	就餐引导	早餐见面会，引导嘉宾就餐
	嘉宾接待室	会场引导	1. 提前熟悉重要嘉宾接待室环境及卫生间和主会场入口，站在两侧迎宾 2. 重要嘉宾接待工作，活动开始引导重要嘉宾至主会场
活动会场	主会场舞台两侧	嘉宾就座/上下台引导	1. 负责引导重要嘉宾就座（一定要引导到相应座位上，避免坐错位置） 2. 引导嘉宾到座位区后，微笑示意请嘉宾入座，行点头礼后离开迎接下一位嘉宾 3. 提前准备，负责引导演讲嘉宾上台 4. 当引导演讲嘉宾上台时，应当让客人走前面，礼仪单臂前伸走在侧面或后面 5. 提前准备，负责引导嘉宾下台 6. 走在嘉宾身前，手势提醒嘉宾注意台阶 7. 负责引领嘉宾回到原来座位席 8. 负责引领嘉宾回到嘉宾室或午餐区

续表

活动环节	位置	类别	工作内容
活动颁奖	主舞台	颁奖引导	引领至主舞台，手捧奖杯和证书，配合嘉宾颁奖，注意不要挡住嘉宾和获奖者的镜头
活动晚宴	晚宴会场	致辞引导	1. 负责引导领导上台，领导在前面，礼仪单臂前伸走在侧面或后面 2. 配合主持人，随时递送麦克风（备用一两支应急）
		敬酒引导	负责引导领导在致辞敬酒环节走到舞台上，站在领导侧边，将托盘上的红酒递给领导，并及时添加红酒
		抽奖引导	1. 配合主持人，负责抽取幸运奖品 2. 当主持人宣布到了抽奖环节时，请礼仪微笑拿着放好奖票的奖箱上台，站在主持人身旁 3. 当主持人颁发奖品并请出奖品时，礼仪托举或捧着奖品上台，走至主持人侧边或发奖人身侧

接下来就是招商会整个活动的过程控制，过程控制是非常有讲究的。

建议整个招商会活动安排在一两天的时间内，招商会活动的安排要紧凑。建议邀请当地比较有名气的节目主持人来主持这次招商会议。

由专业的主持人来主持效果会有很大的不同，你会发现台下的客户跟你的心态不一样，好客户来自县级市，到地级市参加活动，他们就会觉得很新奇。招商会请一个专业的主持人是非常重要的，因为主持人在整个招商活动中承上启下，在这个方面很专业、做得非常好，能为整个招商活动添彩。

主持人确定之后，就要安排整个招商活动的进程。招商会第一天上午的开幕活动，时间应控制在 1.5~2 小时，要简洁有力。在会议上，一般要由企业营销总监或代理商介绍企业情况、产品特色、推广策略等，以增强加盟商的信心。

代理商团队的集体亮相，能够展示代理公司的运作实力。对有突出贡献的老加盟商进行颁奖，老加盟商也会将自己的亲身经历、对产品的期望和信心介绍给其他来宾，以现身说法打动目标客户。

连锁招商必须强调全员招商的观念，除了招商核心人员，其他人员也要了解产品的招商策略、产品知识。如果招商仅靠一两个核心人员，无论如何也不能招架招商订货会所有加盟商的询问和业务洽谈。这就要求招商团队的每一个成员都能全面了解招商策略和产品知识，对客户的一般问题都能解答，对客户都能进行讲解和宣传。只有在谈到实质的签约问题时，才由招商的核心成员来做决定，这样不仅对每个成员是一种锻炼，同时也大大减轻了核心成员的压力，增加了签约的成功率。

从招商会的筹备阶段开始，招商会进入实质性阶段，各项工作开始紧锣密鼓地进行。明确会务日程安排、会务人员分工、会场布置、会务准备，进行各项会议活动的彩排和工作流程的演练，还有一项十分重要的工作就是培训课程的安排，在许多招商会上，安排一场培训和研讨课程成为招商会的重头戏，而且经过一个优秀的培训课程，招商会一般都会取得意想不到的效果。

招商进入运作实施阶段，已经到了关键时刻，到了对方的球门前，临门一脚成为关键。在招商会开始之前，要明确招商会上的工作重点。然后再开始我们的招商会，只要按照计划实施，各工作小组按照既定流程做好本职工作，业务的洽谈和协议的签署就会很顺利地进行。

招商会结束了，但并不意味着整个招商工作的结束。在安排好来宾的返程，会务组与酒店结算后，要立即进行招商会的总结，整理招商会的收获，并做好招商会后期的宣传工作，以全面提升招商团队的士气，再接再厉，不放过任何一个机会，继续跟踪意向客户，尽快达成合作协议。

第四节

物料见证：大量数据、素材、现场客户背书

如何巩固加盟商对品牌的印象？

物料见证在招商会中扮演着至关重要的角色，它能够通过大量数据、素材以及现场客户的背书，为品牌和项目提供有力的支持和证明。

因为前期准备工作到位，再加上媒体宣传与业务员的作用，招商会召开的这几天，前来参会的人员出乎我们的意料，看着鱼贯而入走进会场的客户，大家都露出了欣慰的笑容，这也算是对我们前期工作的肯定吧！虽然脸上是喜悦，但我们不能放松，不能陶醉，因为吸引客户只是招商会工作成功的第一步，如何让他们在来了之后进一步了解企业、产品、品牌，并最终加盟，才是关键。

招商会的内容一般包括终端培训、加盟策略、新产品的市场前景。通过举办招商会，来巩固加盟商对该品牌的印象，并通过全面的市场分析，使加盟商相信该品牌能盈利，从而达到品牌方扩大市场份额与宣传品牌的目的。

我们先来了解一下什么是招商会的展示品。

照片、奖状、视频、顾客的演讲等，我将它们统称为展示品。这些展示品对演说是非常有用的辅助工具，在任何一场招商演说中都不要忘记使用它们。

在做减肥产品招商时，你要拿用户以前很胖时的照片和现在的照片做对比，证明你的产品、你的减肥方法是有效的；在讲业绩倍增的方法时，可以展示一些倍增业绩的图表给观众看，正所谓有图有真相。

一般来说，一年一度的招商会议上，应该对优秀的金牌加盟商和金牌店

长给予表彰。这个过程的气氛是非常热烈的，让获奖嘉宾上台颁奖，奖品的发放是一个非常喜庆的、非常正面积极的活动，颁奖仪式对老加盟商是一种鼓励，对那些做得不好的加盟商也是一种鞭策。同时，获奖加盟商的分享，会给更多的加盟商带来信心。

颁奖活动结束之后，还有一个特别重要的环节，就是选择两到三位非常优秀的、有代表性的种子加盟商选手，上台来分享他们的成长经历。这是核心中的核心，因为现身说法是最真实、最有说服力的。颁奖仪式后，可以再次请这几位上台进行分享，或者在颁奖过程中让他们分享。但一定不要让他们写稿子，一定要让他非常自然、原原本本地表达自己的感受。他们说起来结结巴巴的不要紧，越真实、越朴素的东西越好，方言也没有问题。这些实实在在的东西，会让那些老加盟商或者想要行动的加盟商心动。这就是榜样的力量。

在某一次招商会上，品牌方安排了一位加盟商发言，这位加盟商非常激动，从来没上过台讲过话，说话的时候非常紧张，结结巴巴的。

"其实也简单，三年前一个偶然的机会，我认识了这个牌子，觉得这牌子还不错，于是我加盟了这个品牌。三年前我开了一个48平方米的小店，越做越有感觉，到年底，我一年下来赚了不少钱，于是我更有信心了。第二年我开了一个108平方米的店，现在我开了一个180平方米的大店，我一年营业额有一百多万元。

"总而言之，房子也买了，车子也买了，都是这牌子给我的，我非常感谢，我愿意跟着这个品牌继续前进，一边学习一边进步，共同成长。在这里，我代表我的家人感谢王总，给我这么好的一个机会。"

台下的人听到这里都惊呆了。第二个加盟商上来了，他也是不太会说话，还说自己的普通话讲得不好，能不能用方言讲话，他一嘴有些土气的方言，讲得台下的来宾激动不已。他说的都是大实话。这些都是榜样的力量，非常有说服力。在招募加盟商的时候，一定要善于运用榜样的力量。

接下来要做的一件非常有意义的工作，就是把前面发言的加盟商这些年来在公司经营的进货的数据和他的店铺照片做成投影文件，让招商部经理帮他们做一个收尾总结。因为这些加盟商不善于表达，所以可以把这些真实的数据和图片分享给大家。

招商部经理可以这样介绍："刚才我们两位优秀的加盟商跟大家分享了他们的经营经验，大家来看看这是王老板三年前加盟我们第一家店的照片，这是第二家店，这是今年开的最大的店铺，三年来，他的店铺租金是多少，人员工资是多少，水电费是多少，税金是多少，在我们这进货多少，库存有多少，减去之后一年利润是多少。"

这样一算出来，数字是最有说服力的，真实的东西是最有力量的。讲到这里，很多朋友已经非常激动和感兴趣了，因为这是最真实的，也是非常关键的。

讲到这里点到为止，上午的活动就此结束。如果前面的会议内容安排得没有这么多，不足以占满上午的时间，接下来就可以进入下一个阶段。

如果你曾举办过万人瞩目的演说，那你能不能将这样的视频调出来给大家看呢？你在台上讲的一切事迹、案例，都要拿出有形的物品作为证据展示给听众看。为什么要这样做呢？

人们不相信他们听见的，人们只相信他们看见的。而展示品可以为观众提供他们想看到的一切。

第五节

招商路演：抓住客户的刚需，营造氛围

确定演说主题、制定策划方案之后，该如何对招商会进行全面统筹？

在招商路演中，抓住客户的刚需并营造互动氛围是至关重要的。

招商会确定演说主题和制定策划方案后，接下来就需要开始全面统筹招

商会了。包括制定招商会费用预算，招揽参会客户，通过业务人员走访、广告等其他方式发布招商信息，与客户取得联系并确认参会来宾。在招商统筹阶段还要选定会场、确定来宾的餐饮住宿标准，要特别注意在与客户沟通的过程时的礼仪。

安排一场培训和研讨课程可以说是招商会的重头戏，上完一场优秀的培训课程，招商会一般都会取得意想不到的效果。

在招商路演过程当中，很多人一上台就直接介绍自己的产品有哪些特点和卖点，希望大家一起合作。其实，这种路演方式往往效果不佳，因为客户更关心的是产品如何满足他们的需求，以及产品能在何种场景下发挥作用。因此，在招商路演中，深入挖掘产品的使用场景，并向客户展示产品如何在实际生活中发挥作用，是至关重要的。

1. 勾勒场景

在构建加盟模型的路演过程中，确实需要深入挖掘并准确描绘出潜在合作伙伴可能面临的场景和情感，以此为基础来展现加盟品牌的优势和价值。

假设我做加盟模型，我会挖掘出这样一个场景："创业不易，亏钱为主"，要想不掉坑，选择很关键。我要让合作伙伴感觉创业很好，但又不敢创业，然后找到一个好的品牌，他们才能合作创业。

话术如下：创业，是每个心怀梦想的人都会考虑的一条道路。然而，这条路并不平坦，充满了未知与风险。很多创业者满怀激情地投入，最后却因为种种原因，血本无归。他们或许选错了项目，或许没有合适的支持，或许在经营过程中遇到了无法逾越的障碍。这种"创业不易，亏钱为主"的困境，让许多有志之士望而却步，即便心中有梦，也不敢轻易尝试。

通过这样的场景勾勒，可以让潜在合作伙伴更加深入地了解创业的不易和选择的重要性，同时也能够展现出我们加盟品牌的优势和价值，从而吸引他们加入我们的行列，共同开创美好的未来。

2. 产品切割

假设我有一个卖货的方案，要把成品卖出去。我们首先要做产品破局。也就是说，在卖货方案中，实现产品破局是关键的第一步。产品破局意味着在众多竞争对手中脱颖而出，让目标客户对产品产生浓厚兴趣并愿意购买。

为了成功实现产品破局，我们可以从产品、服务或策略这三个方面入手，并将其中一个点作为核心优势进行强调。这就代表着要明确产品好在哪里，服务好在哪里，或者策略好在哪里，一定要把其中一个点讲清楚。

如果选择产品作为破局点，那么需要重点关注产品的独特性和创新性。

产品可以拥有独特的设计、卓越的性能、高品质的材料或创新的功能，这些都能使产品在市场上脱颖而出。此外，还可以通过深入了解目标客户的需求和痛点，对产品进行定制化开发，以满足客户的个性化需求。

如果选择服务作为破局点，那么需要关注服务的专业性和人性化。

提供优质的售前咨询、售后服务和客户支持，能够增强客户对产品的信任感和满意度。此外，还可以通过定期举办客户活动、提供个性化服务等方式，增加客户黏性，提高复购率。

如果选择策略作为破局点，那么需要制定创新的营销策略和销售渠道。

可以利用社交媒体、短视频等新媒体平台进行产品推广，吸引更多潜在客户；同时，可以与合作伙伴进行跨界合作，拓展销售渠道，提高产品曝光率。此外，还可以采用优惠促销、限时折扣等策略，刺激客户的购买欲望。

无论选择哪个方面作为破局点，都需要确保其核心优势与品牌形象和市场定位相符。同时，还需要密切关注市场动态和竞争对手情况，不断调整和优化破局策略，以保持竞争优势并实现销售增长。

产品切割就是采取对比法：同行的产品怎么样？我们的产品怎么样？同行是什么服务，我们是什么服务？同行是什么策略？我们是什么策略？要把这些点讲清楚，但讲完后，还需要加背书。背书可以包含科研、政府、媒体、荣耀、名人等，这些立体背书都是为了证明"我的这个产品好"，这就是卖货的方案。

也就是说，直接告诉别人这个产品有什么优点，有哪些背书。未来我要把这个产品做到什么程度。投资多少钱，卖多少货。这样卖货方案就出来了。这套方案未来是需要你们去帮助更多合作伙伴做会销用的方案。

3. 品牌标准化和系统标准化

品牌标准化和系统标准化是在市场竞争中保持领先地位的关键要素。通过实现品牌标准化，企业可以确保品牌形象、价值观和信息传达的一致性，从而提升品牌认知度和忠诚度。系统标准化则有助于企业优化内部流程、提高运营效率，确保产品和服务的质量稳定可靠。

当企业在这两个方面做得比竞争对手更好时，确实可以更容易地撬取渠道资源。因为客户往往更倾向于选择那些能够提供稳定、可靠、高品质产品和服务的品牌。而拥有完善系统的企业则能够更高效地满足客户需求，赢得客户的信任和满意。

然而，要实现品牌标准化和系统标准化并非易事。这需要企业具备强大的实力和资源投入，同时还需要具备前瞻性的战略眼光和创新能力。只有不断地优化和升级自己的标准化体系，才能确保企业在市场竞争中始终保持领先地位。

因此，对于那些已经有实力进行系统建设的企业来说，确实应该抓住时机，尽快建立完善的品牌和系统标准化体系。这不仅可以提升企业的市场竞争力，还可以为未来的扩张和发展奠定坚实的基础。

然而，撬取渠道的策略确实是一种有效的市场竞争手段。但是，在实施这种策略时，也需要注意合法合规，尊重他人的权益和市场规则。通过诚信、专业的态度来与同行进行合作和竞争，才能够实现长期的共赢发展。

4. 案例背书

背书在招商过程中起着至关重要的作用，它们共同构成了品牌的综合实力展示。产品的背书证明了产品的质量和优势，营销的背书展示了强大的市场推广能力，管理的背书体现了团队的专业素养和用心程度，品牌的背书则凸显了公司的整体实力和良好形象。

以上的背书都处于微观层次，而宏观背书也是必不可少的。一个经销商的成功案例可以作为宏观背书。

宏观背书不仅是信任的保障，更是客户对于合作前景的期待和信心来源。通过展示经销商的成功案例，我可以直观地告诉潜在客户，与我们合作将带来可观的收益和美好的未来。

所有的朋友，为了合作伙伴赚钱，我们建立了一套体系。这么多年，我很感谢很多现场的朋友，当年相信了我们，选择了我们。

我记得三年前，现场坐着一位宝妈，她在家里带娃。对她而言，每个月跟老公拿 2000 元把孩子养起来很是艰苦。一个偶然的机会，她来到我们的会场，接触了我们的产品。她给自己定了两个目标，她不希望当个简单的家庭主妇，她希望经济独立，思想独立，所以加入我们的品牌。

从一个月老公给她 2000 元的生活费，到一个月净赚 20 万元现金，和我们品牌合作了三年，去年她全款买了一辆帕拉梅拉，给我发了一张图片，说："老大，感谢三年前的知遇之恩。今天我有能力改变自己的命运，买了这辆车，没有你，就没有我。"

我收到过很多这样的信息，但我何尝不想说一句话："没有你们，也就没有我！是因为你们对我的相信，才支持我走到了今天。"

我还有一个合作伙伴，三年前带着她的孩子住在山区，而今年她成功全款提车，买了辆奔驰，还在城区买了一套房，她的老公为她骄傲。她也给我发信息感谢三年来的不离不弃，虽然没有赚到 2000 万元、3000 万元，但是三五百万元还是有的。

我记得去年，我在黄河之畔看着天上的繁星闪耀，我许了个愿，说："我一定要让三年前跟着我的兄弟姐妹，在三年后的今天年入千万。"

过去没有成熟的系统，我们筚路蓝缕，然而今天无论是从营销赋能，还是管理赋能，我们已经跑在了行业的前列。我相信，这个时代会把机会留给有准备的人。

当然，今天借这个机会，告诉大家，去年我们又有20位合作伙伴达成公司激励指标。去年我说过，谁能够完成当年1000万元的业绩，我给每个人奖例一辆奔驰，有20个人达到了目标。

借今天这个场合，我想给各位做个现场兑现！

在招商环节中，通过营造一种热烈、真实的氛围，确实能够极大地提升潜在合作伙伴的信任感和参与热情。现场兑现奖励、发放现金和车辆的场景，无疑是一种非常直观且有效的方式来展示企业的实力和诚信。

当潜在合作伙伴看到现场发钱、发车的情景，他们会感受到企业的诚意和实力，会认为这样的企业是值得信赖的。这种真实感能够让他们更加深入地了解企业的运作模式和盈利能力，从而增强他们与企业合作的意愿。

此外，这种现场兑现奖励的方式还能够激发潜在合作伙伴的积极性和参与度。看到别人因为与企业合作而获得了丰厚的回报，他们自然会想要成为其中的一员，分享这份成功和财富。

因此，在招商环节中，通过精心策划和组织类似的活动，不仅能够吸引更多的潜在合作伙伴，还能够提高他们对企业的认同感和归属感，为未来的合作奠定坚实的基础。

当然，除了现场兑现奖励，企业还需要在产品和服务、营销策略、品牌形象等方面做足功夫，确保能够为合作伙伴提供真正有价值的支持和帮助。只有这样，企业才能够在激烈的市场竞争中脱颖而出，赢得更多的合作伙伴和市场份额。

在现场，让获奖经销商代表发表真实、感人的演讲，讲述他们从将信将疑到取得巨大成功的过程，这种情感共鸣和说服力是文字宣传无法比拟的。同时，通过播放视频案例，展示经销商在实际操作中的成功经验和具体成果，也能够更直观地呈现合作带来的实际效益。

此外，成功案例的多样性也很重要。不仅有视频案例，还有现场演讲的案例，这样能够覆盖更多类型的潜在客户，满足不同人的信息接收需求。无论是喜欢观看视频还是更喜欢现场听分享的人，都能找到与自己相契合的案例，从而更容易被打动。

第六节

成交方案：一套解决问题的方案

如何让精明的客户相信你？

招商会需要先考虑在什么情况下招商、招商会应该说什么，需先树立起正确的招商观念，然后才能探讨合作方案。只有这样，我们的招商会才能够行之有效，才有成功的基础。

很多品牌方将市场推广的希望寄托在招商会上，在没弄明白自己品牌的产品市场销售情况的前提下，寄希望于一招就灵，搞不好会损失惨重。

随着客户越来越"精"，任你说得天花乱坠，也很难取信于人。如何让客户相信你，又如何使我们自己做好心中有底，取决于品牌方的样板市场的测试与建立。一切语言都有可能是虚假的，唯有事实是可信的。

所以，在招商会之前，品牌方最好能建立自己的直营样板店或加盟样板店，一方面可以了解产品在市场中的表现，检验推广方案的可行性，发现在推广中可能出现的问题，及时进行调整与完善；另一方面让客户眼见为实，只要你的样板店取得成功，又有谁会拒绝这样的赚钱机会呢？

同时，建立样板店也是品牌方自身积累市场经验、指导客户成功开拓市场的一条捷径，在自己还没有对品牌的推广了如指掌之前，最好不要迫不及待地召开招商会。否则，败多胜少。

长期从事招商工作又善于思考的人会总结出这样一个规律：没有经验的招商人员总是向客户阐述自己的产品有多好。其实客户真正关心的问题并不是你的产品有多好，而是你的产品如何能让他赚钱。招商会所要说的内容也应该围绕这一点展开。

翻开一摞摞的招商会广告，通篇都是反复强调产品好，而很少见到有帮客户分析如何赚钱的，即使有，也只是一些不切实际的豪言壮语。这样的招商会效果不好也就在情理之中了。招商会要想打动客户，关键是要明白客户的需求、疑虑，以及客户所面临的难题，在此基础上，针对性地表达诉求，方能打动客户的心。

中国有句话叫"己所不欲，勿施于人"。如果我们自己都没有真正搞清楚产品要采用何种策略与方法才可以顺利地销售出去，招商自然就会底气不足。无论招商会如何豪华，如何气派，总免不了看的人多，买单的人少。

但如果我们事先做了充分的市场研究与准备，对产品市场推广的每一个环节都了如指掌、头头是道，对产品、消费者、竞争者都有详尽的分析，对产品的推广有切实可行的策略与计划，我们就能做到对市场推广的每一个环节都成竹在胸，客户在听了我们详尽的分析计划后，会感受到这是一个非常好的赚钱机会，自然会作出判断。招商会的成功，也就水到渠成了。

1. 上台演说要自信

上台演说时，你必须相信自己的前途是光明的，相信公司是世界上最好的公司、相信老板是最值得跟随的领导者、相信产品是世界上最好的产品、相信自己是世界上最厉害的销售员、相信所有的客户都喜欢自己和自己销售的产品，这种相信最终会转化为状态上的提升和业绩上的增长。

不管有多少人怀疑你、轻视你、不相信你，你自己一定要相信自己会成功。

几个世纪前，为了纪念雅典与波斯战役中的胜利和表彰尽职尽力的英雄斐迪庇第斯的功绩，1896 年，雅典人在第一届奥林匹克运动会上，规定了一个新的竞赛项目——马拉松赛跑。根据当年斐迪庇第斯经过的路线，将赛跑距离确定为全程 40.2 公里。

斐迪庇第斯的名字和马拉松战役将随着奥林匹克运动会的圣火一代又一代地留存在人间。而在刚开始，人们总是觉得这是不可思议的，觉得难以达成。为何这项运动在今天依然存在呢？人们是如何打破纪录的呢？是相信的力量。他们相信自己可以，所以才会有今天的马拉松比赛。

虽然人类依然是用以前的肺呼吸，用以前的心脏来供应心跳，但和以前不同的是坚信自己可以成功，可以超越前人，能够达成更高的目标。一句话，别人对你说什么都不重要，重要的是你是否相信你自己可以成功。

2. 提炼产品核心卖点

在产品日趋同质化的今天，概念被模仿，理念被抄袭，我们经常听到加盟商抱怨好品牌越来越难找了。提出一个好创意、提炼一个好概念在招商工作中的作用是举足轻重的。如果能提炼一个让加盟商眼前一亮的独特卖点，招商就成功了一大半。尤其对那些没有背景和品牌优势的代理商来说，出挑的产品卖点会成为他们成功的最重的砝码。

产品核心卖点就是产品的独特销售主张，必须让消费者明白购买广告中的产品可以获得什么具体利益，而这种利益是竞争产品所不具备的。所强调的主张必须强有力，必须聚集到一个点上，集中打动、感动和吸引消费者来购买相应的产品，让客户感觉物超所值。

当所有保暖内衣都在说如何保暖时，婷美提出了"美体修形"的核心卖点，令人耳目一新。再如，九牧王宣称由108道工序、经360度立体裁剪而成。专业人士可能会说哪个厂家都是360度的裁剪，有的还可能经过208道工序呢，但是九牧王将其喊了出来，而你没有喊出来，那就等于没有。

产品核心卖点的提炼和传达，在市场营销中至关重要。一个有力的核心卖点不仅能突显产品的独特价值，还能有效打动目标消费群体，促使他们产生购买行为。

3. 抓住"焦点"话题，营造互动氛围

但凡有过台上经验的人都知道，要想保证招商演讲全场始终保持良好氛围，必须将自己调整到精神饱满的状态。只有自己的情绪高昂，才能引燃现场气氛。

问题来了，如何让自己处在好的精神状态呢？先说个现象吧：你与朋友聊天，基本是你一个人在说话，这样的交流能持续多长时间呢？用不了多久，这个话题就会聊不下去吧。

自言自语，很容易陷入无尽寂寥，只有互动，才能让你远离无聊。在台上，抓住招商的核心卖点这个焦点话题，与观众展开互动，你自然就会动力十足。很多人问我，你连续演讲五天，为什么不会累呢？答案是：要想不累，多互动！心累，才是真的累。

如果不互动，演说者所说的都是自己提前准备好的，也许内容很好，但不一定是最适合听众的。在与听众互动的过程中，讲者会被激发，释放出更多的干货内容。

站在听众的角度，如果想要充分挖掘演讲者，让他尽数释放，就一定要与演讲者互动；站在演讲者的角度，如果希望自己的智慧尽可能多地绽放和流淌，就一定要多多互动。

4. 一套解决问题的方案

作为品牌方，在将新的团队、店铺变为自己的合作渠道的过程中，可能会遭到原本厂商的排挤，面临新员工的不适应、新店长的抗拒以及各种风险。这些都是不可避免的，应早做预防，设计好成交的流程，以及时解决问题，如图6-3所示。

成交体系的流程设计对于确保销售过程的顺利进行以及提升客户满意度至关重要。通过这一完整的成交体系流程，可以有效地提升销售效率，增强客户体验，促进双方的合作共赢。同时，也可以根据实际情况对流程进行灵活调整和优化，以适应不同的市场和客户需求。

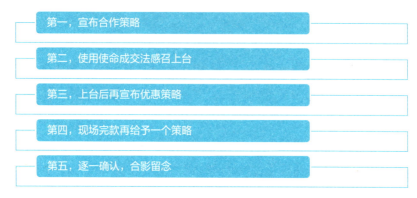

第一，宣布合作策略

第二，使用使命成交法感召上台

第三，上台后再宣布优惠策略

第四，现场完款再给予一个策略

第五，逐一确认，合影留念

图6-3 成交体系的流程

5. 招商签约

加盟商签约与否，实际上反映了品牌方能否最终通过招商工作及招商会议使加盟商的理性天平更多地偏向信任这一面。因此，招商会议的直接目的应是使参加招商会的加盟商达到"五个信任"。

（1）信任企业。使加盟商了解、确信企业是有实力、讲信誉、有能力、有战略、有远见的。要让加盟商信任我们的企业，光靠企业自说自话是远远不够的。要利用有说服力的招商工具，如企业所获得的荣誉、媒体对于企业的报道等。企业还要做好长远规划，对企业前景进行描绘，树立一个长久发展的企业形象。让加盟商感觉这是一个很有发展潜力的企业，与这样的企业合作，是有前途的。

（2）信任产品。产品的卖点独特、定位准确、质量可靠，是具有市场前景的产品。

（3）信任模式。企业的营销模式先进且具实效，管理规范，可操作性强。企业在招商过程中，仅靠一则招商广告和业务人员的游说是远远不够的，我们要让加盟商看到实际的东西。这就需要企业要么有切实可行的方案，要么建立样板店，企业要对样板店做好严格管理，从店面的建设到导购员的培训都必须做到规范化，要使样板店成为形象店。

同时为加盟商建立一种模式。这种模式应简单易操作，只要加盟商按照这种模式运作，就能获得很好的收益。通常，加盟商所担心的不是投资额太高，而是进货以后如何才能销售出去。经销模式可以让加盟商感觉到，企业不是让他们自行销售，而是企业在帮他们一起进行销售，从而消除加盟商的后顾之忧。

（4）信任利润。有钱可赚、利润空间大。在招商过程中，还应该让已经合作的优秀加盟商现身说法，讲述自己与企业合作的经历和经营业绩，用具体的数字来说明产品给自己带来的利益。事实胜于雄辩，通过现有加盟商的讲解，可以打消加盟商对产品的疑虑，别人能做好，那么自己也一定能行。

（5）信任合同：合同严密、责权利明确，具有绝对的约束性和保障性，不会成为无效的废纸。

"五个信任"是品牌代理商的承诺得到积极回应的基础，做到"五个信任"，那么招商工作的总目标即签约合作就进入坦途了。

总而言之，招商要有针对性和方法性，不能盲目幻想。选择适合自己的加盟商，诚心诚意地合作，只有这样才能实现良性循环，保证后期的招商工作能够有序进行。企业无论采取什么样的手段，招商的最终目的都不在于圈钱，而是服务于产品销售。

6. 会后总结

招商会的会后总结也十分重要。招商会开完后，会议总结是必要的，因为会后看会议，一定会看出很多不足，每个企业或者公司都会做会后总结，但效果却不一样，有几个关键点需要注意。

（1）会后总结不要仅停留在开会或者奖罚层面，必须有专人负责记录，然后和之前的会议日程安排结合，使其越来越完善，会议总结要落实到文字上。

（2）奖优罚劣是必须的，如果感觉会议过去了，再说也没有用了，大家都很辛苦，想迁就一下，那么就大错特错了，第二次、第三次还会犯同样的错误，因为惰性和错误有时候是被纵容出来的。

（3）招商会会议的结束不等于招商的结束，许多有意向的客户并没有在现场签约，因此必须安排专人制定根据计划并予以执行。大的加盟商必须由经理来定，中小客户交给招商部由业务人员来跟进即可。

招商会的会后总结不仅可以使品牌方总结招商成功的经验，在以后的招商过程中更好地应用，更重要的是能够从招商过程的不足中吸取经验，使品牌方在今后的招商中获得更好的效果。

我们曾为一个品牌在哈尔滨、西安、包头、杭州四个城市招商，效果非常好，四个城市的现场招商签合约就达到 70 多家，在后期跟踪的 3 个月中，签约总数超过了 100 家，因此后期跟进是一项非常重要的工作。有些客户非常认同你的品牌，但是因为某些原因，没有在现场与你签约。因此，你要重视招商后期的跟踪、反馈工作。对有意向客户的跟踪主要表现在以下几个方面。

①主动征询和收集意向客户对整个招商方案和招商加盟策略的意见。本次招商活动成功的地方在哪里？需要改进和注意的地方在哪里？通过收集这些反馈意见，对你在以后进行类似的招商策划和制定招商方案时能有所借鉴。

②对在招商活动中所捕捉到的信息要继续跟踪，对新接触的客户要保持联系，避免出现招商会一结束，信息和来往也随之终止的局面。对有意向的客户，要在招商会之后及时联系并创造条件促使其尽快签约。

③对在招商活动中已签约的加盟商，应按照招商手册提供加盟商相应的装修、货品支持，促使加盟商的店铺尽快开业，为自己带来业绩。

④对"如何做好招商方案实施后的感知反馈工作"也应制定一个方案，分工到人，明确职责，并定期检查、反馈工作的成效。

有了完善的招商策划、严密的组织运筹和筹备、招商会现场的精确控制，以及招商会后的根据服务执行到位，招商会一般都会有一个好的结果。但是好的招商技巧也仅仅是成功的一个方面，最终决定招商结果和发展速度的还是品牌方的诚信和实力，以及招商团队的全力执行和服务到位。没有这些做保障，招商会的繁荣也只是昙花一现。

第七节

追销话术：信任大于成交，价值大于价格

为什么会出现招商会现场冷清、签约客户少、加盟客户后期合作不利等问题？

　　为什么招商会议连年召开，销售网络仍不健全？为什么花费大量人力物力策划招商会，但是符合条件的品牌和签约加盟商却少之又少？如何满足品牌方的招商需求，制定安全感方案？

　　招商会作为品牌方进行区域招商的一种有效形式，已经得到了普遍认可。但由于不熟悉招商会的组织和流程，往往会出现招商会现场冷清、签约客户少、加盟客户后期合作不利等问题，结果使投入的十几万元甚至几百万元打了水漂。

　　组织实施一场成功的招商会是一项复杂的工作，需要做好精心的策划和准备，需要资金支持，需要招商团队细致地工作。如果招商会准备不足，就无法保证做出周密而系统的招商方案，招商会的效果也就难以保障。

　　在招商会策划阶段，首先要依据品牌方的整体发展战略确定招商的目标、盘整内外部资源，做好招商的自我定位，然后组建招商团队，进行市场调查，寻找招商的卖点，圈定目标客户，在前期调研的基础上最终确定招商会主题，并拟定招商的方案。

　　再优秀的招商策划方案，也离不开精彩的招商演说，尤其是追销话术，在销售过程中扮演着至关重要的角色，强调信任和价值超越价格的理念。

　　招商演讲稿必须自己写，不能由助理、文员代写。先写自己的故事，来引入行业的故事。另外，演讲稿属于口语，书面化的表达不利于口头演说。那么，该如何解决呢？

有一个办法：说写交替。

具体操作步骤如下。

第一步：列一个大纲，不要写具体内容，然后打开你手机中的录音 App，按大纲的先后顺序来做分项的即兴演说，然后，把录音整理成文字。

第二步：优化整理好的文字，删除、修改或者增加内容，文风和你整理好的录音文字保持一致，这样写出来的讲稿就不会过于书面化。如同唱歌，起的调会影响后面的整个节奏。

很多人都有一个误区，认为那些演说高手在台上侃侃而谈的内容都是临场发挥的结果，其实不全是。一场在众人面前非常棒的演说，通常都有一个精心打磨演讲稿的过程，说是字斟句酌也不为过。

乔布斯在每次产品发布之前三个月就开始不断修改自己的演讲稿；罗永浩说他两个小时剧场演说的准备时间通常是一百个小时；就连闹得沸沸扬扬的东方甄选主播董宇辉"小作文"事件，也被爆出是幕后小编的手笔。请注意，他们都不是一个人在战斗，而是有一个专业的团队，何况我们只是一个普通的个体呢？

撰写半个小时的演讲稿，可能只需要两个小时，但要将它修改成精品，没有反复修改三五十次是很难的。好消息是，当你把三篇演讲稿都这么用心地雕琢后，你的即兴语言组织能力就会突飞猛进了。

还有一点，成功的招商演说离不开好的话题，要选择与场景符合的恰当话题，演说时，要根据当时的具体环境随机应变，就地取材，挖出很多好话题。

在话题选择上，要避免使用枯燥、呆板的语言，以免听众昏昏欲睡，失去聆听的兴趣。招商演说必须选择有价值的话题。当演说者中途被"通知"发表演说时，一定要对所参加的活动有所了解；即使不了解，也要做好咨询工作，以便在演说时围绕主题选择话题。

要选择自己熟悉和擅长的话题，因为有自己的体会，才能形成鲜明的观点，更容易打动听众。如果选择陌生的话题，自己都不明白其含义，只会使演说者陷入被动。

语言的力量可抵千军万马，苏秦、张仪凭借口舌之利纵横于战国七雄之间，所以招商营销话术无比重要，不仅要知道"说什么"，还要知道"怎么说"。

1. 控场话术

今天有人选择快，有人选择慢。没关系，我相信不是各位不想选择加入，而是我还没有把策略讲清楚。

无论如何，大家能坐到现在，就是最大的捧场，邀请台上的家人们，与我一起向台下默默支持我们的家人们致以掌声。

同时，我也邀请台下的家人们，请再给我十分钟，让我和台上的家人们交个朋友。这十分钟，我邀请你们不要离开会场，只要你不离开位置，就是朋友，掌声感谢你们。

2. 定场话术

①感谢台上家人们的支持。我想做个调查，你们是真心愿意和我成为朋友，还是只是上来捧场的呢？

②我认为舞台是一个很庄重的地方，如果你是被别人强行推上台的，而非心甘情愿和我交朋友，那我请你先下台。如果你下定决心要和我合作，希望和我成为朋友，那么请你留在台上，我待会给你一份大惊喜。如果愿意和我成为朋友，请把手举高举直，让我认识你！

3. 锁定话术

今天选择合作，你可能需要花点小钱，只要×万元就能进入我们这个平台。当然，你若信我，我必不负你。我会给大家送上三份大礼（转到促单话术）。

4. 促单话术

①惊喜一，价格继续优惠！原价×元，如果今天你给予的掌声越大，我给

你的惊喜就越大！今天现场完款（下定），不是×元，不是×元，最终价格为×元。让我们用掌声表示态度。

②惊喜二，××。

③惊喜三，我还准备了一份诚信大礼。送给在舞台上讲诚信且有行动力的老板！这份礼物，只有×份，你拿着我给的信封，直接去刷卡台办理完款手续，凭小票和信封就能兑换礼品。想要这份礼物的往前面站。现在，我邀请大家先来张大合影。合影后，我再和台上的朋友单独合影留念！

5. 握手成交话术

开放式确认：前 10 个

请用一句话分享，你为什么愿意加入××平台？

请用一句话分享，你为什么选择与××老师合作？

封闭式确认：10~30 个

让××老师伴随你成长，你愿意吗？

你确认吗？你真的愿意吗？让我们以掌声鼓励一下！

合影式确认：30 个以后

来，我们一起拍个合照，感谢你的支持！

招商演说的形式，它的价值在于向客户展示企业的实力。招商演说不仅需要当事人做好情绪准备，调动气氛，还需要在商业逻辑、策略、规则方面进行精心设计，在陈述方式、展示方式、现场发挥等方面环环相扣，不能懈怠。

站在招商演说台前，面对听众接二连三的提问，你是否做好了准备？你对自己的想法是否充满坚定的信心，我是谁？做什么的？为什么做？能从中获得什么？在上台演说前，这些问题要想得一清二楚。只有自己信心满满，听众才能看到希望。如果准备不足，被精明的听众问得无言以对，那可就难堪了。

招商演说是一种当众发表的正规而庄严的讲话，旨在论证某种观点或就某个问题发表个人见解。在招商引资活动中，常见的演讲包括介绍词、解说词、欢迎词、答谢词等。

招商演讲礼仪的基本要求：在语言上力求生动、幽默、形象，多用名句、警句，切不可用粗话、脏话。在声调上，抑扬顿挫，富有感情，以打动听众。在表情动作上，要适度放开，喜忧鲜明，但不要过于张狂。在时间上，一般的演讲力求简明扼要，点到为止，但要表达清楚。

对于招商活动中介绍推介类的演讲，要认真准备，演讲时要表现出充分的自信心，突出自身特征，细讲，精讲，恰如其分地推销自己。演讲过程中或演讲结束后，倘若遇到听众插话、反问、询问等情况，要保持镇定，从容应答，保持风度，切莫乱了阵脚或迁怒于人。

参加招商会演讲的人员，应在招商会召开的前一天做一个排练，把时间掌握好，把自己的情绪、语速和语调调整好，以免在正式场合由于准备不充分而失态。

第八节

复盘分析：自驱式团队成长模型

招商人员如何做到每日复盘、每周复盘、每月复盘、每年复盘、每个项目都复盘？

招商复盘分析结合自驱式团队成长模型，可以为团队提供一个全面的视角，来审视过去的招商活动，并从中汲取经验，促进团队的成长和进步。

复盘是招商过程中的重要环节，它不仅是对过去招商活动的回顾，更是一种深入的分析和总结。通过复盘，团队可以清晰地认识到在招商过程中取得的成绩和存在的不足，从而找到改进方向。复盘不仅关注"我做了什么"，更重要的是通过发现问题、分析原因和推演，寻求解决问题的最佳途径。

在复盘过程中，团队需要制定明确的招商目标，并确保目标可量化、可实现。同时，团队成员之间需要充分沟通和协作，确保每个人都对目标有清晰的认识，并能够在招商过程中形成合力。

自驱式团队成长模型为招商复盘提供了有力的支持。自驱式团队通常具备清晰的目标导向、高效的执行能力、强大的创新能力以及良好的适应能力。在招商复盘中，团队可以借鉴这些特点，来分析和改进自身的招商活动。

团队可以通过分析自身的执行能力，找出招商过程中可能存在的流程不畅、沟通不畅等问题，并提出相应的改进措施。同时，团队还可以关注自身的创新能力，思考如何在招商过程中引入新的想法和方法，以吸引更多的潜在客户。

此外，自驱式团队成长模型还强调团队成员之间的相互促进和学习。在招商复盘中，团队可以鼓励成员分享经验教训，形成知识共享和学习的氛围。这样不仅可以提高团队成员的个人能力，还可以促进整个团队的成长和进步。

下面我们来看招商团队如何复盘。

复盘是一个围棋术语，即每次博弈结束以后，双方棋手把刚才的对局再重复一遍，这样做不仅可以有效地加深对这盘棋局的印象，也可以找出双方攻守的漏洞，是提高自己棋艺水平的最佳方法。棋手平日训练的大多数时间并非用于与人搏杀，而是用于复盘。

在复盘中，双方的思维不断碰撞，激发新的思路。新的思维、新的理论可能在此萌发。由此可见，复盘是一种思维，也是一种总结，更是一种反思。在工作和学习中，通过复盘，我们可以更好地理解自己的成功与失败，从而找出前进的路径，进而取得更大的成功。

招商复盘，并不只是回顾"我做了什么"，而是发现问题、发现不足，继而分析原因和推演，寻求解决问题的最佳办法。

复盘是有步骤有打法的，即是复盘四步法，如图6-4所示。

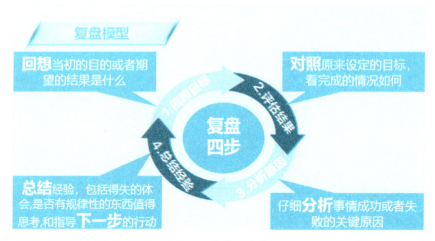

图6-4　复盘四步法

1. 回顾目标

复盘第一步，回顾目标。回顾目标至关重要。每日、每周、每月、每年的目标，都需要制定得明确、可量化。

在招商团队中，你的个人目标可以设定为：每天获取5个企业负责人的联系方式；每周回访跟进10个黏性较高的选址企业；每月约见5家重点企业；等等。

同时，在制定目标时，需要考虑以下几点：招商团队的整体目标是什么？个人目标对团队目标的推动作用有多大？原定的项目进度与现实是否匹配？

2. 评估结果

复盘第二步，评估结果。需要查看是否达成前期设定的目标，最终是否实现了招商团队的目的。成功时多考虑客观原因，失败时多考虑主观原因。评估应遵循的基本原则如图6-5所示。

做任何事情都会有结果，结果自然是有成有败。当结果达到或者超越我们的预期时，说明项目成功了；如果我们结果未达到预期，说明项目失败了。

图 6-5 评估遵循的基本原则

评估的目的不是发现差距，而是发现问题；重点不在于差距有多大，而是要在有差距的地方试着提出问题："为什么会有这样的差距?"

评估结果是将结果与目标逐一对照，计算出结果与目标的正负向差距，同时计算目标的达成率。随后聚焦结果与目标的主要差距，锁定重点分析对象。一方面，以结果为导向，与目标相比，哪里做得好，哪个方面未达预期? 与企业对接的过程中，是否出现未预期到的结果? 另一方面，招商人可以将目光对标本地招商劳模或者其他周边城市，了解他们的招商进度，双方的差距又在哪里?

一线招商人员拜访企业时，虽然因为时间问题未能与负责人见面，但直接通了电话，由此收获了一个电话号码，打通了与企业负责人直接沟通的渠道。

即使事情未能达到预期结果，也需要进行评估。这样便能明确当前项目推进和招商引资所处的阶段，为后续调整计划提供一定的数据依据。

3. 分析原因

复盘第三步，分析原因，这是复盘的重头戏。

经过前面三个步骤，发现问题后，就要开始分析原因了。通过"5Why分析法"，多问几个为什么，就能发现问题的本质。

所谓"5Why分析法"，又称"5问法"，就是对一个问题点连续以5个"为什么"来自问，以探究其根本原因。虽为"5问法"，但使用时不限定只做5次为什么的探讨，主要是必须找到根本原因为止，有时可能只需要几次，有时也许要十几次，正如古话所言：打破砂锅问到底。"5Why分析法"的关键在于：鼓励解决问题的人要努力避开主观或自负的假设和逻辑陷阱，从结果着手，沿着因果关系链条，顺藤摸瓜，直至找出原有问题的根本原因。

企业选址的原则是"广撒网，多敛鱼，择优而从之"，在招商引资谈判初期，面对大企业提出较高条件时，找到企业的需求核心点是关键。

一个县在招引一家食品行业龙头企业时，由于对方提出各方面的条件较高，地方一直在从策略上想办法，却忽略了用"企业思维"思考，谈判初期就陷入了僵局。

经过几轮谈判，地方深知在策略上无法赢过经济发展水平较高的区域，于是开始思考企业发展的真正需求，将当地完善的食品产业链作为突破口。最终项目落地，很大程度上也是因为园区较为完备的产业链优势。

如今，各地为了招商引资，都在加码策略优惠，想在财政、土地等方面凸显绝对优势有一定的难度。这时，可以多问几个"为什么"，找出企业真实的需求点，从而打破僵局。

除了方法，分析原因的时机也很重要，要抓住项目推进的关键时间点，比如，初次谈判、深入谈判、签约阶段、项目建设阶段等。这些阶段是比较容易与企业"擦出火花"的连接点，也是比较容易出现问题的时间段，及时复盘能为后续甚至以后的项目推进积累经验。

最后，还有一个注意点，要将招商人员对接企业时的态度与做事方式考虑进去。比如，当时为什么会产生这种情绪？发生了什么？为什么发生？我的判断又是什么？哪些环节的推进是自己的努力换来的……

寻找根本原因：

第一，层层递进，环环相扣，找到根本原因，并采取有效的改进措施。

第二，除了这个方法，还有没有其他更好的解决办法呢？

第三，在看似不合理，甚至不可思议的现象背后，也许存在一些"合理性"的解释，之所以合理，因为源自先前所做出的某种判断、某种根深蒂固且未加审视的假设。

第四，选择重点原因，以刨根问底的方式，找到根本原因。

分析原因时，招商人员要用今天的眼光和能力审视昨天的做法，要尽量做到客观，不给自己留情面。

4. 总结经验

复盘第四步，总结经验，推演规律，能让以后的招商引资工作事半功倍。哪些细节可以尝试、调整，根据实际效果做决策；那些不适合的措施和方法，可以不再使用。

任何工作都有逻辑可循，招商工作也不例外，从个案中抽象出共性的能力非常重要。

生物医药园区在意高端人才引进和产业聚集度；汽车配套企业更注重产业链上下游企业的配套；化工企业更希望能入驻化工类园区，以享受更加完善的服务和平台设施配套……

以上就是处于特定产业中的企业的共性，当然，也有例外，这就需要一线招商人员自行归纳总结规律，作为招商的"法宝"。

复盘更多地指向事情本身而不是个人，比如业务流程、方式方法和具体行动，而不是天气、士气、运气或者其他无形的因素。所以说，总结的规律是否可靠，要通过交叉验证的方法来检验和试错。

例如，关于产品的定位策略，在华北地区的连锁门店运营效果特别好；我们在华东地区的连锁门店进行尝试，发现效果也不错；后来我们又在华南地区的连锁门店进行了验证，反响也特别热烈，这就是交叉验证。

在特定的区域内，一定要反复测试。然后汇总大量数据，结合不同地区的效果进行分析，从而做出最终的经营决策。

在一家零售企业的招商复盘会议上，有位高管说："这次招商之所以失败是因为王经理的失职，王经理明知第二天要举办大型招商会，前一天晚上还喝酒喝到凌晨，导致第二天萎靡不振，布置的任务也没有落实，整个团队士气低落，执行力很差，最终导致招商项目的失败。所以王经理要承担全部责任，扣除当月绩效的100%，并扣除年底奖金的50%。"

复盘的当天下午，王经理就选择了离职。问题解决了吗？并没有。所以，复盘得出对规律的认识，不能指向具体的个人，而要指向发生的事情。

如果复盘的结论仅仅是外部归因，很容易将问题简单化处理；这往往是在找借口，而不是在寻找解决问题的办法。

举个例子，有两位同事早上迟到，被经理当场逮住。经理问他们为什么迟到，第一个同事说，昨天晚上楼上的小夫妻先是小吵，然后大吵，最后爆吵，战况此起彼伏，又是摔椅子，又是砸东西，110和120都来了，一直折腾到凌晨3点多，他想睡但没睡着，所以迟到了。

轮到第二位同事，经理问："那你为什么迟到了？"他说，他早晨起得很早，6点多就起了，但司机开车太慢了，跟蜗牛比也未必能赢得了，平日里20多分钟的路程，今天司机足足开了49分钟，所以他迟到了。

大家对这些借口熟悉吗？太熟悉了。你能决定楼上的小夫妻明天不吵架吗？不能。你能决定司机明天不会龟速行驶吗？也不能。他们的理由本质上是：我的行为不能决定我迟到的结果。因为你的决定不了，所以迟到这件事，实际上依然没有从根本上得到真正的解决。我相信，这绝对不是通过复盘得出的好结论。

所以说，得出一件事情的结论并不是复盘的目的，复盘的目的是对今后的实践进行指导和改善，帮助我们在后续工作中取得更好的成绩。

我们的目的是在复盘的这个过程中得到历练和不断地提升，找到工作的正确方法。

有人可能会问：复盘与总结的区别是什么？有如下四点与大家分享。

第一，复盘是把经验转化成能力，更客观，积极性更高；

第二，复盘的节奏更快，周期更短，运转效率更高；

第三，复盘的应用面更广，人人参与，体验越深，收获越大；

第四，复盘往往是连续的、渐进的，四个步骤循环向前。

立足使命，展望愿景，高品质复盘可以帮助我们更有效地传承经验，提升能力；不忘初心，砥砺前行，高效复盘可以指导我们快速全面地承前启后，继往开来；总结经验，吸取教训，精细化的复盘可以引领我们扎实可靠地取得更优异的成绩。

招商人员如果能做到每日复盘、每周复盘、每月复盘、每年复盘、每个项目都复盘，深入思考问题根源与解决方法，虽然看似进展慢，但实际上成长会更快。

本章重点

● 招商宣传推广方案是企业招商的重要组成部分。品牌的塑造是长期的产品创新、市场经营等积累的结果，并且要不断依据市场反应进行修正，使之不偏离品牌的深层含义。而所有这一切都要通过品牌所呈现出来的形象中反映出来，再由媒介传播给市场和大众。

● 会议营销的邀约对象如下：分享嘉宾，即能提高势能背书的人；势能客户，即能带动现场成交的人；老客户，即已经掏钱合作的人；新客户，即希望新增合作的人。

● 招商会的当天人多，接待客户特别重要，要保持招商会现场秩序井然，首先必须有专人掌控现场的秩序，安排一定要有条理，各个环节的控制非常重要。

● 我们先来了解一下什么是招商会的展示品。比如，照片、奖状、视频、顾客演讲等，我将它们统称为展示品。这些展示品对演说是非常有用的辅助工具，在任何一场招商演说中都不要忘记使用它们。

● 在招商路演过程中，要想让客户跟产品建立联系，一定要挖掘产品的使用场景——为什么要使用这个产品？

● 招商会要想打动客户，关键是要明白客户的需求、疑点，以及客户所面临的难题，在此基础上有针对性地诉求，方能打动客户的心。

- 语言的力量可抵千军万马，苏秦、张仪凭借口舌之利纵横于战国七雄之间，所以招商营销话术无比重要，不仅要知道"说什么"，还要知道"怎么说"。

- 招商复盘，不仅是回顾"我做了什么"，更是发现问题、发现不足，继而分析原因和推演，寻求解决问题的最佳办法。

后　记

迈向成功，从这里开始

招商加盟是一种商业模式，它通过招募加盟商来扩展业务范围和市场份额。在过去的几十年中，招商加盟已经成为许多企业扩展业务的重要手段。

招商加盟最早起源于美国。20 世纪 50 年代，美国的连锁经营模式开始兴起，许多企业开始采用这种模式来扩展业务。其中，麦当劳和肯德基是较早采用招商加盟模式的企业之一。

在中国，招商加盟模式的发展可以追溯到 20 世纪 80 年代。当时，中国的市场经济改革刚刚开始，许多企业开始尝试采用招商加盟模式来扩大业务。时光荏苒，到 2024 年 1 月，中国招商加盟市场已经伴随改革开放发展了 40 多年。

在招商这个赛场上，有人载誉而归，赚得盆满钵满；有人满盘皆输，唯留遗憾。以商招商，激活市场，在中国经济滚滚向前的洪流中，那些曾经意气风发的少年或已两鬓斑白，或已悄然离场，而在展望未来、蓄势聚力、迈向高质量发展的步伐中，我也看到了自己褪色的青春。

于变局中开新局，招商无疑是中国梦的践行者和见证者。路漫漫其修远兮，吾将上下而求索。招商激情燃烧的岁月 40 余载，无数招商人的青春已经远去，而我在招商加盟之路上，更像是一位虔诚的朝圣者，踩着中国经济腾飞的节奏一路走来，不变的是谦卑的姿态和探索的心。对于每一位招商的从业者来讲，市场是有灵魂的，只有对于行业与时代怀有敬畏之心，才能撬动隐藏在经济腾飞背后的灵性，解读出财富密码。

随着中国经济的不断发展，市场需求不断增加，招商加盟模式将会面临更多的机遇。未来，招商加盟模式将会在更多的行业得到应用，如教育、医疗、金融等。

同时，招商加盟模式也面临着一些挑战。首先，招商加盟需要建立起完善的管理体系，以保证加盟商的利益。其次，招商加盟需要建立起良好的品牌形象，以吸引更多的加盟商。

未来，招商加盟模式将会更加注重品牌形象和管理体系的建设。同时，随着科技的不断发展，招商加盟模式也将更加智能化和数字化，如应用 Chat-GPT 等人工智能模型。

要想在招商加盟市场所向披靡，离不开背后的招商系统，以及专业人士的系统招商知识、相关经济词汇和市场知识，并集众门派方法之所长。只有这样，才能摸索出行之有效的招商策略。

感谢这个美好的时代，在抖音、快手、微信视频号、今日头条等占流量主导地位的自媒体新时代，我寻找到了一条属于自己的招商渡口，为无数奋斗在加盟一线的中国民营企业家奉献自己微薄的力量，让更多的人走出招商的迷雾，走向属于自己的招商人生。

经过多年的招商悟道，针对无数招商加盟的痛点，我从招商核心理念与增值公式入手，围绕招商模型的解析、招商架构的设计、招商策划、模式进化、超级系统等进行详细讲解编写此书，旨在帮助读者朋友们投入实战操盘，为各位招商者尽绵薄之力。

身在深圳这个科技创新中心，20 余年时间，经历了创投圈内的五光十色、觥筹交错，在历经沧桑之后，突然记起那个发光的少年的梦想：写一本书，办一家企业，做一份事业，帮助更多的人招商扩展业务，为后来者点亮一盏灯。

在这个充满机遇与挑战的时代，选择一个有前景的创业项目至关重要。在这里，你将点燃创业激情，实现人生价值！

为此，在经历过招商市场的酸甜苦辣、成功与失败的跌宕起伏之后，我回归初心。由"欲穷千里目，更上一层楼"的精进，回归到"窗边流水枕边书"的恬淡，这大概就是找回初心，回到原点再出发。短暂的停歇，是为了蓄力。我将一直在路上，做一个招商的"行者"！

感谢命运厚爱，赠我一路荆棘；感谢岁月不弃，伴我一路同行。感谢一起成长的各位同侪，感谢我的家人对我长期的支持，正是你们的支持，鞭策我写完这本书。

青山不改，绿水长流；来日方长，我们后会有期！